BERNHARD RUSSI

DER EWIGE OLYMPIASIEGER

Thomas Renggli

BERNHARD RUSSI

DER EWIGE OLYMPIASIEGER

GIPFELSSTÜRMER
PISTENBAUER
WERBE-IKONE

Weltbild

Weltbild Buchverlag
– Originalausgaben –

© 2018 Weltbild Verlag, Industriestrasse 78, CH-4609 Olten

ISBN: 978-3-03812-742-0

Konzept und Idee: Thomas Renggli, Lukas Heim
Korrektorat/Lektorat: Susanne Dieminger
Covergestaltung, Layout, Satz: Thomas Uhlig/www.coverdesign.net
Bildredaktion: Thomas Uhlig, Thomas Renggli

Bildquelle Umschlagvorderseite: Valentin Flauraud/Keystone

Besuchen Sie uns im Internet: **www.weltbild.ch**

INHALT

VORWORT

von Thomas Renggli

Der ewige Olympiasieger

Die Welt des Sports kennt viele Sehnsuchtsdestinationen: Wembley, Monte Carlo, Ascot, Kitzbühel, die Alp d'Huez, das Lauberhorn, den heiligen Rasen von Wimbledon. Wer hier gewinnt, dem ist der Platz in den Geschichtsbüchern sicher.

Aus eidgenössischer Perspektive aber steht ein Ort über allem: Sapporo! Die Stadt auf der nördlichsten japanischen Insel Hokkaido zählt zwar fast zwei Millionen Einwohner, trotzdem brauchte es einen Sportanlass, um sie in der Schweiz der breiten Öffentlichkeit bekannt zu machen: die elften Olympischen Winterspiele 1972, eröffnet am 3. Februar vom japanischen Kaiser Hirohito, beendet zehn Tage später vom IOC-Präsidenten Avery Brundage mit dem japanischen Abschiedsgruss «Sayonara». Dazwischen gewannen die Schweizer Sportlerinnen und Sportler zehn Medaillen – vier davon aus Gold – und schufen einen Mythos, der seine Strahlkraft bis heute nicht verloren hat.

Ich wurde am 27. April 1972 im Zürcher Triemli-Spital geboren. Knapp daneben ist auch vorbei, könnte man sagen. Und trotzdem war Sapporo in meiner Kindheit und Jugend allgegenwärtig. Mein Vater erzählte noch Jahrzehnte später von diesem japanischen Wintermärchen, als habe er damals jeden Tag Weihnachten und Geburtstag gleichzeitig gefeiert. Der unverhoffte Schweizer Medaillensegen war die eine, die Zeitverschiebung die andere prägende Komponente. Denn Radioreporter Sepp Renggli konnte der Schweiz jeweils pünktlich zum Morgenkaffee von den neuesten helvetischen Grosstaten im Land der aufgehenden Sonne berichten. Es herrschte eine Euphorie, die das ganze Schweizer Volk erfasste. Als ich als ambitionierter Zweitliga-Fussballer dem Schiedsrichter in der Garderobe mein Geburtsdatum diktierte, schaute mich der Unparteiische freudig an und rief: «1972 – Olympische Spiele in Sapporo!»

Wohl kein Schweizer Sportler ist enger mit jenen Sternstunden verbunden als Bernhard Russi. Seinen grossen Durchbruch feierte der Urner zwar schon zwei Jahre zuvor – bei der Weltmeisterschaft in Val Gardena. Doch für die Ewigkeit sind im Sport nur zwei Dinge: die Krone des Schwingerkönigs und die Goldmedaille bei Olympia. Und diese konnte sich Bernhard Russi am 7. Februar 1972 umhängen lassen.

Russi gewann in seiner Karriere «nur» zehn Weltcuprennen. Damit liegt er im schweizerischen Vergleich im Mittelfeld. Rekordmann Pirmin Zurbriggen brachte es auf 40 Erfolge, der bärbeissige Abfahrer Peter Müller triumphierte 24-mal, der nette Franz Heinzer 17-mal. Und trotzdem steht Russi über allen – weit über allen. Denn keiner vermochte Erfolg und Ruhm nachhaltiger zu wahren. Bald jährt sich sein Weltcup-Debüt zum 50. Mal. Seiner Popularität aber konnten die Jahresringe nichts anhaben. Russi schreitet ins achte Jahrzehnt seines Lebens, doch irgendwie ist er in den Köpfen der Menschen immer noch 45 Jahre jung.

Werbebotschafter, Fernsehkommentator, Verwaltungsrat, Golfclubpräsident, Pisten-designer, Gipfelstürmer. Seit seinem Rücktritt als Spitzensportler ist Bernhard Russi auf allen Gebieten ein Erfolgsgarant. Was er anfasst, wird zu Gold – wie einst in Sapporo. Umso erstaunlicher ist es, dass das einzige Buch, das je über ihn geschrieben wurde, fast schon musealen Charakter besitzt. Es stammt aus der Feder des unvergesslichen TV-Reporters Karl Erb und datiert aus dem Jahre 1970 – mit einer aktualisierten Neu-auflage zwei Jahre später.

Seither gab Bernhard Russi zwar Hunderte von Interviews, trat in unzähligen Fernseh-shows auf und kommentierte noch mehr Skirennen. Doch zwischen Buchdeckeln wurde seine einmalige Erfolgsgeschichte nie mehr festgehalten. Die vorliegende Publikation soll diese Lücke füllen. Auf den folgenden 170 Seiten begeben wir uns auf Spurensuche nach dem wohl populärsten Schweizer Sportler der Neuzeit. Wir blenden zurück, als unsere Skifahrer noch wie Popstars gefeiert wurden, als das öffentliche Leben ruhte, wenn im Fernsehen ein grosses Skirennen gezeigt wurde. Wir lassen Zeitzeugen und Weggefährten zu Wort kommen. Und wir blicken hinter die Fassade des Ausnahme-sportlers, der mit seinem Lächeln vergessen liess, dass Perfektion und Arbeit hinter jedem sportlichen Erfolg stehen – und dass das Leben im Scheinwerferlicht auch von Schatten begleitet wird.

Bernhard Russi ist ein Schweizer Phänomen, das mehr als nur sportliche Erfolge ge-feiert hat. Russi verkörpert ein Stück Schweizer Zeitgeschichte: von Val Gardena 1970 über Sapporo 1972 bis zum Hier und Jetzt 2018. Die Recherchen zu diesem Buch haben mich mit grossen Persönlichkeiten zusammengeführt: Adolf Ogi, Franz Klammer, Walter Frey, Karl Schranz, Roland Collombin, Walter Tresch. Die Liste liesse sich fast beliebig verlängern. Ich habe viel erfahren über eine Zeit, die ich selber nicht erleben durfte. Und nebenbei verstehe ich nun auch, weshalb mein Vater sein Boot auf dem Zürichsee «Sayonara» taufte.

Karge Felsen, wilde Wasser. Der Aufstieg durch die
teuflische Schöllenenschlucht ist kein Spaziergang.
Doch in Andermatt wartet Russis Winterwunderland.
Auf Spurensuche mit Goethe und Wilhelm Tell.

1

GOETHE, TELL UND BERNHARD RUSSI

Wer nach Andermatt will, muss sich den Weg erdauern und das Ziel erkämpfen – nicht nur, wenn sich vor Oster-, Pfingst- oder Ferienwochenenden die Automassen am Gotthard stauen. Die schroffen Felsformationen der Schöllenen-Schlucht wirken auf den Unterländer nicht eben einladend. Dies stellte schon Johann Wolfgang von Goethe bei seinen drei Reisen ins Urserental im 18. Jahrhundert fest.

Die düsteren Granitmassen erschienen dem Dichter «schröcklich» und waren nur mit «Not und Müh und Schweiss» zu bewältigen. Trotzdem konnte sich der Poet dem rauen Charme der Gegend nicht entziehen. Nach seinem ersten Besuch im Juni 1775 kehrte er zweimal zurück – im November 1779 und im Oktober 1797. Zwei Jahre später sollte General Suworow mit seiner Armee an gleicher Stelle Geschichte schreiben.

Doch zurück zu Goethe. Der deutsche Besucher schwärmte von der Region am Gotthard: «Mir ist's unter allen Gegenden, die ich kenne, die liebste und interessanteste.» Dass zu dieser Zeit die weitverbreitete Ansicht korrigiert wurde, der Gotthard sei die höchste Erhebung der Alpen, bedauerte Goethe offensichtlich zutiefst. Denn er schrieb: «Der Gotthard ist zwar nicht das höchste Gebirge in der Schweiz, doch behauptet er den Rang eines königlichen Gebirges über alle anderen, weil die grössten Gebirgsketten bei ihm zusammenlaufen und sich an ihn lehnen.»

Es waren Goethes Reiseberichte und Erzählungen über das Gebirge, die Landschaft und die Natur vom Vierwaldstättersee bis hinauf zum Gotthardpass, die das Gebiet im deutschsprachigen Europa bekannt machten. Goethe berichtete seinem Dichterfreund Friedrich von Schiller von Land und

«Mir ist's unter allen Gegenden, die ich kenne,
die liebste und interessanteste.»

J. W. von Goethe

Ein Bergidyll. Doch Andermatt hat weit mehr zu bieten als Pulverschnee und Alpencharme.
Der Ort ist Waffenplatz, Verkehrsknotenpunkt und Filmkulisse.

Leuten und inspirierte diesen schliesslich zu einer ganz neuen und eindrücklichen Geschichte über Wilhelm Tell.

Dies war der Start zur touristischen Erschliessung der ganzen Zentralschweiz – und indirekt der Impuls zur Rennkarriere von Bernhard Russi. Leicht überspitzt könnte man sagen: Ohne Goethes Einfluss wäre Russi weder Weltmeister noch Olympiasieger geworden.

Heute umfasst das Andermatter Telefonbuch 27 Einträge unter dem Namen Russi. Damit belegt das weltmeisterliche Geschlecht hinter den Reglis (28) den ehrbaren zweiten Platz. Christen (mit 16 Einträgen) folgt deutlich distanziert auf dem Bronze-Rang. Und die in der Schweiz omnipräsenten Müllers (12) figurieren unter ferner liefen. Gemäss dem historischen Lexikon der Schweiz zählt der

Gemeinde Andermatt und wurde weit über die Talgrenzen hinaus bekannt. Zu seiner Ehre prangt beim Schulhaus eine silberne Tafel. Sein Namensvetter ist heute Präsident des Cäcilien-Vereins Andermatt – eine direkte Verwandtschaft besteht aber ebenso wenig wie zu Bernhard: «Höchstens weit, weit aussen. Aber natürlich werden wir immer auf Bernhard Russi angesprochen», meint Columban Russi. Im Dorf bewege sich Bernhard ganz gewöhnlich: «Er hat die Bodenständigkeit nie verloren.»

Im Talmuseum Ursern – auch als Suworow-Haus bekannt – ist Bernhard Russi ein Zimmer gewidmet. Bilder, Medaillen und Trophäen erinnern an den bekanntesten Sohn des Ortes. Wie viele Besucher wegen Bernhard Russi in die Ausstellung kommen, kann Ruth Zigerlig von der Museumsverwaltung nicht sagen. «Doch es fragen immer wieder Men-

«In der Geschichte des Urner Sports gibt es nur einen, der mit Russi mithalten kann», erzählt der Präsident des Urner Skiverbandes lachend: «Wilhelm Tell!»

Name Russi zu den ältesten Urschner Geschlechtern. Über seine Wurzeln besteht keine Klarheit, doch liegen sie «möglicherweise» in Norditalien. Am Gotthard war der Name bereits im 15. Jahrhundert geläufig.

Die Russis arbeiteten damals sowohl in der Landwirtschaft als auch als Strassen- und Maurermeister. Doch nicht allen war das Schicksal gnädig gestimmt: 1444 fiel ein Heinrich Russi in der Schlacht bei St. Jakob an der Birs. Zwischen 1496 und 1498 amtierte mit einem weiteren Heinrich erstmals ein Spross der Russi-Familie als Tal-Ammann. Es war der Beginn der politischen Vormachtstellung der Russis, die bis ins 18. Jahrhundert dauern sollte.

Der nächste bekannte Vertreter der Familie war Columban Russi (1805 – 1907). Er wirkte über sieben Jahrzehnte als Schulmeister und Lehrer in der

schen nach dem ‹Russi-Zimmer›, erzählt sie. 1999 hatte das Museum den berühmtesten Andermatter mit der Sonderausstellung «Bernhard Russi – die Sportkarriere» geehrt. Die Gemeinde Andermatt verwaltet das Erbe der Skisportlegende auch an den Hängen des Gemsstocks. Die 4,3 Kilometer lange Abfahrt über den Gurschengletscher auf die Gurschenalp trägt den Namen «Bernhard-Russi-Run». Es ist die Piste, auf der Berni in jungen Jahren seine Schwünge in den Schnee setzte. Sie wird als «Vergnügen für erfahrene Skifahrer» angepriesen. Russi selber sagt über die ihm gewidmeten Abfahrt: «Die Gletscherabfahrt am Gemsstock ist meine Lieblingsstrecke. Sie ist eine der schönsten Abfahrten im ganzen Alpenraum.»

Bruno Arnold, bis Frühling 2018 Präsident des Urner Kantonal-Skiverbandes, verbindet mit Bern-

Die Bürger von Andermatt bereiten den Medailliengewinnern Berhard Russi und Walter Tresch nach der Rückkehr aus Japan einen festlichen Empfang.

hard Russi eine seiner schönsten Kindheitserinnerungen: «Als Russi und Walter Tresch nach den Winterspielen in Sapporo in Altdorf empfangen wurden und vom Balkon des Rathauses winkten, war das ein gewaltiges Ereignis für den ganzen Kanton. Noch heute bekomme ich Hühnerhaut, wenn ich daran denke.» Solche Emotionen habe er bei keinen späteren Ski-Erfolgen mehr gespürt. In der Geschichte des Urner Sports gebe es nur einen, der mit Russi mithalten könne, erzählt Arnold lachend: «Wilhelm Tell.» Von den Urner Athleten der Moderne hebe sich Russi deutlich ab. Dahinter folgen in Arnolds kantonalem Ranking: «Walter Tresch sowie die Radsportler Bruno Risi, Kurt Betschart sowie Beat und Markus Zberg.»

Arnold ist als Geschäftsführer des Schwimmbads Altdorf eher auf Sonne und Wärme denn auf Kälte und Schnee angewiesen. Trotzdem bezeichnet er Russi als «Idol für die Urner». Die Menschen im Kanton seien stolz auf ihn: «Wir profitieren von seiner Ausstrahlung – und wenn das Auto mit der Nummer UR 5000 vorfährt, ist dies allein ein Ereignis.» Auch für die Basis des Wintersports seien seine Erfolge von grösstem Wert. Russi wie auch Tresch brachten ganze Generationen mit dem Skisport in Berührung – und beide engagieren sich finanziell im Nachwuchsbereich. Trotzdem verlaufe quasi eine unsichtbare Grenze durch den Kanton: zwischen Urner Ober- und Unterland. «In Andermatt hatten sie immer alles: das Skigebiet, den Schnee und Sa-

wiris», sagt Arnold. Da sei beim einen oder anderen Unterländer auch etwas Neid gegenüber Russi aufgekommen. Damit sind die Urner aber in guter Gesellschaft. Die beiden ältesten Eidgenossen heissen bekanntlich Föhn und Neid.

In Andermatt selber ist man von solchen Gedanken weit entfernt — oder äussert sie höchstens hinter vorgehaltener Hand. Trotz seiner von den Bergmassiven etwas eingekesselten Lage markiert der Ort am Fusse der grossen Alpenpässe auch das Tor zur Welt. Über den Oberalppass gelangt man nach Graubünden, über den Gotthard (via Hospental) ins Tessin, über die Furka (via Realp) ins Wallis und über den Susten (via Wassen) ins Bernische. Es ist kein Zufall, dass praktisch jede Tour-de-Suisse-Austragung ins Userental führt.

Und da kommt zwingend der Name Russi ins Spiel. Denn Bernhard ist ein passionierter Velofahrer. Der Aufstieg zum Oberalp führt quasi durch sein Wohnzimmer — und auch sonst gibt es keinen Alpenpass, den er nicht schon persönlich auf zwei Rädern bezwungen hat: «Von beiden Seiten — sozusagen vor- und rückwärts», wie er lachend sagt. Seine Lieblingsstrecken beginnen alle in Andermatt: «Die grosse Rundfahrt führt über den Susten, den Grimsel, den Nufenen, den Lukmanier und den

Oberalp über 276 Kilometer und 7000 Höhenmeter; die kleine Tour über den Furka, den Nufenen und den Gotthard — und dort erlebt man den schönsten Teil am Schluss: die alte Tremola-Strasse mit ihrem geschichtsträchtigen Hintergrund.» Der Radsport

dem Tal. Für Russi beginnt bald die Jahreszeit, die sein Leben geprägt hat. Der 15. Februar 1970 bedeutete die entscheidende Wende. Bei der Weltmeisterschaft in Val Gardena gewann der 21-Jährige mit der Startnummer 15 Gold in der Abfahrt.

Bernhard ist ein passionierter Velofahrer. Der Aufstieg zum Oberalp führt quasi durch sein Wohnzimmer.

spiele in seinem «zweiten» Sportlerleben eine wichtige Rolle, im Sattel habe er einen grossen Ehrgeiz entwickelt: «Es gab Jahre, da legte ich fast 3000 Kilometer zurück. Eines meiner schönsten Erlebnisse war die Fernfahrt Trondheim — Oslo in Norwegen über 560 Kilometer. Die Norweger nennen sie ‹Store Styrkeprøven›, die grosse Kraftprobe. Dies ist ein grandioser Anlass — vor allem, weil man ihn in der Gruppe bewältigt und die Zeit keine entscheidende Rolle spielt.» Anfänglich habe er sich auch für die in den 1980er-Jahren populären Gentleman-Rennen mit Prominenten einspannen lassen. Aber irgendwann sei ihm die Atmosphäre zu vergiftet geworden: «Den Wettkampfgedanken habe ich auf den Skipisten zur Genüge ausgelebt.» Bezüglich den radfahrerischen Qualitäten seiner früheren Weggefährten aus dem Skizirkus erzählt Russi: «Roland Collombin war auf dem Velo ganz stark — aber nur in der Fläche und auf dem ersten Kilometer. Und Franz Klammer hat heute sogar sein eigenes Rennen für einen wohltätigen Zweck — die ‹Tour de Franz›. Sie führt in Österreich durch berühmte Weinanbaugebiete. Die wichtigste Verpflegung erhält man erst nach dem Zielstrich.» In vino veritas!

Zurück nach Uri. Andermatt im Frühherbst. Ein frischer Wind weht durchs Urserental. Alle Hotels sind geschlossen, die Strassen durchs Dorf menschenleer. Bauleute verrichten auf der Umfahrung die letzten Erneuerungsarbeiten der Saison. Erstmals hat es bis ins Tal geschneit. Der Wind treibt die letzten Sommergefühle aus

Über Nacht avancierte er zum Star. In seiner Heimat wurde er von der Talschaft Ursern zum Ehrenbürger ernannt und mit 1000 Quadratmetern Land beschenkt — irgendwo in der Weite der Bergwelt. Es dauerte 36 Jahre, bis sich Russi nach einer Grenzbegehung über 85 Kilometer und 79 Gipfel mit seiner Ehefrau Mari und seinen beiden Kindern Jenny und Ian für einen Platz entschied: Südöstlich des Gemsstocks auf 2286 Meter über Meer, an einem kleinen See mit einer Quelle, dreieinhalb Stunden von der Zivilisation entfernt. «Es ist der schönste Flecken Erde im ganzen Urserental», sagt Russi. Gemeinsam mit Mari plante und leitete er zwischen 2007 und 2008 den Bau ihres Steinhauses. Als ihre Beziehung eine schwere Krise durchmachte, fanden die beiden hier wieder zusammen.

Bernhard Russi. Der Mann strahlt weit über die Talränder hinaus. Er ist in Vancouver, Moskau und Peking ebenso zu Hause wie in Pyeongchang, Val-d'Isère und auf Hawaii. Doch früher oder später kehrt er immer wieder ins Urserental zurück. An den Ort seiner Wurzeln, ins Zentrum seines Glücks. Dort, wo alles begann, werden auch die nächsten Kapitel seines Lebens geprägt.

Der ägyptische Investor Samih Sawiris und Bernhard Russi im Frühjahr 2009. Die von Sawiri geleitete Holding realisiert über ihre Tochterfirma Andermatt Swiss Alps AG ein riesiges Feriendorf im Urserental.

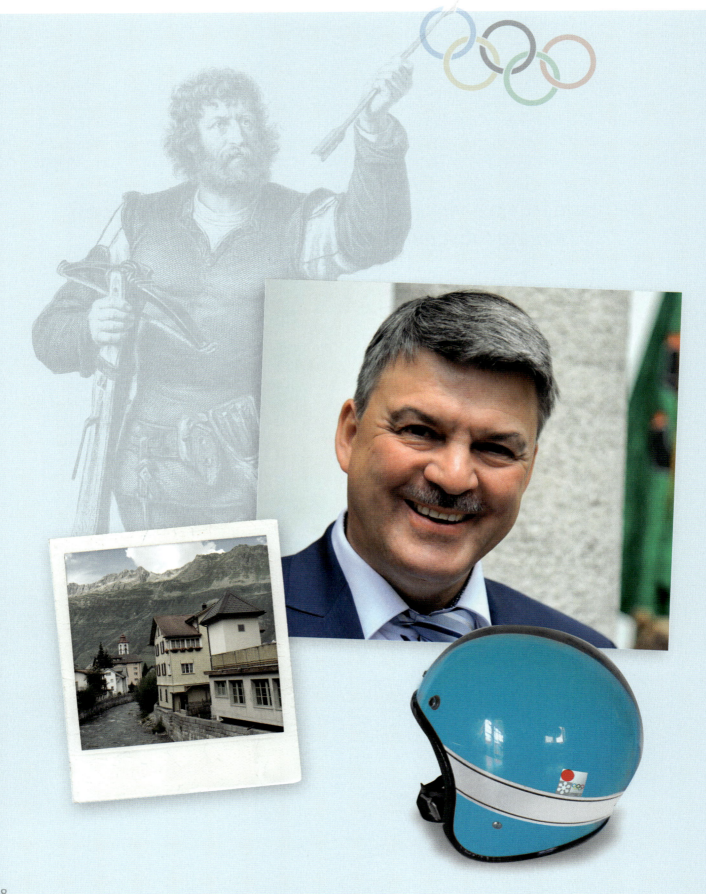

Er ist der höchste Urschner – und er kennt die Geschichte seiner Heimat aus dem Effeff. Talammann Beat Schmid (51) erklärt, was der Ehrenbürger Bernhard Russi für die Bergregion bedeutet – und weshalb er wichtiger ist als Wilhelm Tell.

«RUSSI WILL WOHL KEIN DENKMAL.»

Herr Schmid, Hand aufs Herz. Wer ist wichtiger für den Kanton Uri: Wilhelm Tell oder Bernhard Russi?

(lacht) Das lässt sich schwer vergleichen – umso mehr, als man nicht sicher ist, ob es Wilhelm Tell aus Fleisch und Blut wirklich gegeben hat. Falls ja, waren seine Verdienste im historischen Sinn wegweisend und prägend für die ganze Eidgenossenschaft. Für das Hier und Jetzt hat Bernhard Russi aber die grössere Bedeutung. Mit seiner Heimatverbundenheit, Bodenständigkeit und Sprache vertritt er unsere Talschaft wie kein Zweiter.

Was macht den waschechten Urschner aus?

Früher erhielt man das Bürgerrecht nur durch Vererbung. Später musste der Familienstamm 100 Jahre hier gelebt haben – heute beträgt die gesetzliche Frist für die Einbürgerung noch 50 Jahre. Mit dem Bürgerrecht sind gewisse traditionelle Vorteile verbunden – wenn es beispielsweise um Landkauf oder die Miete einer Berghütte geht, kann mit einer privilegierten Behandlung gerechnet werden. Und man erhält pro Jahr 150 Franken «Bürgernutzen». Diesen Betrag kann man jeweils an einem bestimmten Abend im Rathaus von Andermatt abholen.

Das tönt nach einer eigenen Welt für sich....

Könnte man sagen. Es gibt alteingesessene Urschner, die sagen, wenn sie nach Altdorf reisen: «Wir gehen nach Uri.» Historisch hat diese Feststellung ihre Berechtigung. Das Urserental schloss sich erst 1410 dem Kanton Uri an. Zuvor war es dem Kloster Disentis unterstellt. Die älteren Talbürger hier sind sich dieser Tradition bewusst. Und sie sind stolz darauf. Ich aber sage: Wir sind alles Urner!

Wann haben Sie Bernhard Russi das erste Mal bewusst wahrgenommen?

Seit ich ein Kind bin, ist er für mich Idol und Sportheld. Auf meinen ersten Ski hatte ich einen «Russi-Kleber». Mein Vater war Skischulleiter in Hospental. Deshalb besuchte uns Bernhard Russi einmal bei uns zuhause. Russi ist in unserem Dorf sehr präsent — auch weil er an diversen Projekten wie dem Golfplatz oder dem Alpenresort beteiligt ist.

Gibt es unter den lebenden Menschen einen berühmteren Urschner als Russi?

Nein. Das zeigt allein sein Status als Ehrenbürger. Soweit ich weiss, wurde dieser Titel zuvor erst einmal verliehen: an den langjährigen Tal-Arzt Joseph Baumann. Russi hat für unseren Ort eine Bedeutung, die gegen innen und aussen strahlt. Er symbolisiert den Uschner in jeder Beziehung — und ist der perfekte Botschafter in der ganzen Welt. Wenn ich ihn am Fernsehen sprechen höre, denke ich immer: Das ist einer von uns. Die Menschen im Urserntal sind extrem stolz auf ihn.

«In den Diskussionen spürt man, dass die Talschaft für ihn ebenso wichtig ist, wie er für die Talschaft.»

Welche Rolle spielt Bernhard Russi unter den 1468 Einwohnern?

Er bewegt sich ganz normal durchs Dorf und bringt sich in die Gesellschaft ein. An der Talgemeinde, jeden 3. Sonntag im Mai, ist er oft ebenso dabei wie am traditionellen «Chindeli-Mahl» im Januar. In den Diskussionen spürt man, dass die Talschaft für ihn ebenso wichtig ist, wie er für die Talschaft. Als es darum ging, dass er die 1000 Quadratmeter Land auswählte, die er für seinen Sieg in Val Gardena 1970 erhalten hatte, ging er die ganze Grenze ab. Aus dieser Tour entstand der Bildband «Direttissima», den er uns schenkte. Russi bringt seiner Heimat und den Menschen hier einen grossen Respekt entgegen.

Müsste man Bernhard Russi nicht endlich ein Denkmal setzen – oder mindestens eine Strasse oder einen Berg nach ihm benennen?

Ich glaube nicht, dass er dies möchte. Wenn er aber nicht schon Ehrenbürger wäre, müsste man darüber nachdenken. Immerhin ist eine Skipiste nach ihm benannt – aber dies geschah wohl vor allem aus Werbegründen. Ich denke, dass die Ehrenbürgerschaft die grösstmögliche Wertschätzung ist. Aufgrund seiner Verdienste hätte Russi sicher einen Platz oder eine Strasse im Tal verdient – und ich kann mir gut vorstellen, dass diese Idee irgendwann umgesetzt wird. Aber unabhängig davon wird sein Name in Andermatt immer von grossem Gewicht sein. Dies zeigt auch ein Blick ins Talmuseum. Dort werden in verschiedenen Räumen Themen wie die Landwirtschaft, das Militär oder der Tourismus gewürdigt. Und ein Zimmer ist Russi gewidmet – nicht dem Sport im Allgemeinen, sondern Bernhard Russi im Speziellen.

Zumindest in Form von Briefmarken wird Bernhard Russi schon früh ein Denkmal gesetzt: Marken aus Ajman und Umm-al-Qiwain (Arabische Emirate, 1972) sowie aus Paraguay (anlässlich der Winterolympiade in Sarajevo 1984).

Vom Skistar zur Werbe-Ikone und schliesslich zum Fernsehanalytiker. Bernhard Russi gab erst nach seinem Rücktritt als Rennfahrer richtig Vollgas. Seit einem halben Jahrhundert gehört er nun zum Schweizer Kulturgut.

2

DIE RUSSI-MOMENTE

Am 15. Februar 1995 feierte Bernhard Russi im Hotel «Gotthard» in Flüelen das 25-Jahr-Jubiläum seines WM-Titels von Val Gardena. Es war mehr als «Medaillen-Recycling» oder eine «Weisch-no-Zusammenkunft» unter Jungsenioren. Es war ein gesellschaftliches Ereignis mit Pauken und Trompeten: Die Guggenmusik «Fortissimo» spielte aus voller Kraft, der Jodlerklub «Seerose» gab ein Ständchen, das «Hausmusik-Trio» aus Hergiswil rundete den künstlerischen Rahmen ab. Freunde, Fans, Prominente aus allen Himmelsrichtungen und die Schweizer Mit-Abfahrer von anno dazumal gaben sich die Ehre: Edi Bruggmann, Jean-Daniel Dätwyler, Söre Sprecher. Als Russi rief, kamen alle. Und selbstverständlich berichteten Funk, Fernsehen und Presse in angemessenem Umfang von diesem Anlass. Der «Blick» zeigte Durchhaltewillen bis zum Morgengrauen, schrieb tags darauf von der «Riesenfete» und titelte: «Russi-Feier dauerte bis 5 Uhr früh.»

Noch vor Sonnenaufgang hatte Russi ein Telegramm von Bundesrat Adolf Ogi erreicht: «Bernhard ist und bleibt eine Klasse für sich», stand auf dem Papier, das in der vordigitalen Welt die Rolle der SMS einnahm. Russi war ob der Geste seines langjährigen Freundes sichtlich gerührt. «Es ist schön, solche Erinnerungen zu haben», meinte er. «Die Gegenwart aber ist immer wichtiger.»

Dieses Statement fasst Bernhard Russis Persönlichkeit und Karriere besser zusammen als das meiste, was sonst über den Mann aus Andermatt je geschrieben und gesagt wurde. Wie manch andere Sportler auch, war Russi zu Aktivzeiten im richtigen Moment am richtigen Ort, brachte sein Potenzial im wichtigsten Augenblick auf den Boden der sportlichen Tatsachen. Trotzdem verkörpert(e) er mehr als die Mehrheit der Schweizer Champions vor und nach ihm. Denn das Herausragende gelang ihm nach seinem Rücktritt am 29. Januar 1978: Er konservierte nicht nur seinen Ruhm und Bekanntheitsgrad, son-

Bernhard Russi erhält vom Schweizer Radrennfahrer Ferdy Kuebler den Preis für die Auszeichnung als Sportler des Jahres 1970 überreicht.

dern vermochte seine Popularität, neben Rad-Ikone Ferdy Kübler, als wohl einziger Schweizer Sportler nach dem Ende seiner aktiven Zeit sogar noch zu steigern. Damit befindet er sich im internationalen Sport in einer Liga, in die man allein mit Toren, Punkten oder Bestzeiten nicht aufgenommen wird. Es ist die Liga der Sportlegenden: Muhammad Ali, Edson Arantes Do Nascimento (Pelé), Eddy Merckx, Franz Beckenbauer, Niki Lauda, Wayne Gretzky.

Russis Sieg in Val Gardena war sozusagen die sportliche Kapitaleinlage. Es war ein Ereignis, das in der Schweiz wie nur ganz wenige Leistungen von Sportlern zur nationalen Identitätsfindung beitrug; ein Ereignis, das die Boom-Jahre des Skirennsports auslöste, zwei Jahre später in Sapporo die Steigerung fand und in den folgenden Dezennien Athleten wie Pirmin Zurbriggen, Erika Hess, Maria Walliser, Max Julen, Peter Müller, Michaela Figini oder Vreni Schneider beflügelte. Doch am Anfang war Bernhard Russi, der zurückhaltende und bescheidene Jüngling aus den Urner Bergen, der der Schweiz nach 34-jähriger Wartezeit den ersten WM-Titel in der Abfahrt bescherte. Die vorherigen Schweizer Champions in der Königdisziplin hiessen Walter Prager (1931/1933), David Zogg (1934) und Rudolf Rominger (1936).

und die Menschen dort rückwärts sprechen – die Zuschauer würden es ihm glauben.

Der Ursprung jener unerschütterlichen Aura liegt im Jahr 1970 in Gröden. Für Russi, der zuvor im Weltcup noch nie aufs Podest gefahren und erst im letzten Moment ins WM-Aufgebot gerutscht war, änderte sich das Leben nach dem weltmeisterlichen Coup mit einem Schlag. Das Schweizer Fernsehen berichtete pathetisch von der Ankunft des neuen Helden in der Heimat: «Ganz Andermatt steht Kopf – der Jubel kennt keine Grenzen. Tausende erwarten den Extrazug, der Bernhard Russi, ihren Weltmeister, ins Heimatdorf bringt.» Der 87-jährige Grossvater Konstantin Russi gehörte zu den ersten Gratulanten. Dann stieg Bernhard Russi mit seinen Eltern und Geschwistern in einen Schlitten und drehte eine «triumphale Ehrenrunde durchs Dorf» (O-Ton Schweizer Fernsehen). Begleitet wurde der Weltmeister von den Mitgliedern sämtlicher Andermatter Dorfvereine: vom Cäcilien-Chor über den Jägerverein Ursern bis zu den Kleinkaliberschützen. Die Begeisterung im Publikum war fast wie bei der Ankunft der Beatles am Londoner Flughafen: «Bernhard, Bernhard, Bernhard...!»

Russi schaffte in diesem Moment das, was manchen prominenten Sportlern nicht gelingt: Er blieb

Russi blieb mit beiden Füssen auf dem Boden und sprach über seine Triumphfahrt, als hätte er im Dorfladen eine Packung Milch gekauft.

Ihre Namen sind verblasst. Russi aber wurde zum nationalen Kulturgut, das kein Verfallsdatum zu kennen scheint, sondern sämtliche gesellschaftlichen und sozialen Grenzen überwindet. Egal, ob er vor Hochschulprofessoren, Schulkindern oder den Mitgliedern eines Schwingerklubs steht: Überall hängen die Menschen wie gebannt an seinen Lippen. Vermutlich könnte Bernhard Russi sogar behaupten, dass der Schnee in Südkorea rot sei

mit beiden Füssen auf dem Boden und sprach über seine Triumphfahrt und deren Konsequenzen, als hätte er im Dorfladen eine Packung Milch gekauft: «Ich glaube, was die Folgen von meinem Sieg sind, ist mir sofort bewusst geworden, aber dass mich in Uri so viele Menschen erwarten, dass wirklich das ganze Volk mitmacht, hätte ich nie gedacht.»

Bernhard Russi verkörperte auch nach seiner Bekanntheit urschweizerische Werte wie Boden-

Tennisstar Roger Federer wird im Dezember 2006 an der Verleihung der Credit Suisse Sports Awards von Bernhard Russi als Sportler des Jahres ausgezeichnet.

ständigkeit, Bescheidenheit und Demut — ohne dass er sich verstellen oder anpassen musste. Das war unter anderem der Schlüssel zu einer Karriere, die auch fast ein halbes Jahrhundert später nichts an Strahlkraft verloren hat. Praktisch jeder Schweizer kennt seinen persönlichen «Russi-Moment» — und die Schweizerinnen ohnehin. Irgendwann und irgendwo sind wir alle schon mit Bernhard Russi in Kontakt getreten und verbinden ein bestimmtes Erlebnis mit ihm. Und sei es auch nur via Fernsehbild oder Radiowellen.

Der wirtschaftliche und gesellschaftliche Return-on-Investment folgte in der Schlussphase der Aktivkarriere ab 1976. Als einer der ersten Schweizer Sportler setzte Russi auf einen persönlichen Manager, und zwar auf Ian Todd, den Präsidenten der Mark McCormack-Groupe. Mit dessen Hilfe schloss er Werbe- und Partnerschaftsverträge im Multipack ab: mit dem Skischuhproduzenten «Raichle», den «Waadt-Versicherungen» und dem Softdrink-Produzenten «Apollo», als Kolumnist des «Blick» und als Experte des Schweizer Fernsehens, mit der Ski-

Praktisch jeder Schweizer kennt seinen persönlichen «Russi-Moment» und verbindet ein bestimmtes Erlebnis mit ihm, und sei es nur über Fernsehen oder Radio.

marke «Salomon» und dem Kreditkarten-Unternehmen «Diners Club». Letzteres sah in Russis entwaffnender Überzeugungskraft die grosse Chance, das zu dieser Zeit mit Skepsis und Argwohn betrachtete neumodische Zahlungsmittel der breiten Öffentlichkeit als seriöse Alternative zum Bargeld zugänglich zu machen. Der damalige Diners-Chef Hannes Estermann erklärte: «Kreditkarten bringt man leider oft in Verbindung mit Pump und Zahlungsknappheit. Bernhard Russi soll uns helfen, von diesem Image loszukommen.»

Sogar österreichische Unternehmen wie etwa «Kneissl» oder «Mäser» setzten auf Russis Glaubwürdigkeit und die Botschaft der «Schweizer Qualität». Franz Kneissl junior, der Direktor des Ski- und Sportartikel-Unternehmens, erklärte das Engagement des Schweizers mit folgenden Worten: «Bernhard Russi wirkt solide, integer und sympathisch – wie ein echter Sportsmann eben. Er steht für Schweizer Qualität. Wenn Russi spricht, glaubt man ihm.» Die Kooperation Russis mit dem österreichischen Traditionsbetrieb war umso erstaunlicher, als dass Karl Schranz, zu Aktivzeiten einer der grössten Rivalen des Schweizers, zuvor das wichtigste Aushängeschild der Skimarke gewesen war.

Den nachhaltigsten Partner fand Russi jedoch in Zürich – Autoimporteur Walter Frey. Der Skirennfahrer spekulierte eigentlich mit einer Botschafterrolle für das englische Edelgefährt Jaguar. Doch Frey hatte spontan eine andere Idee: Er sah in Russi, auch dank dessen «japanischer Vergangenheit» in Sapporo, die perfekte Besetzung zur Lancierung der damals unbekannten Marke «Subaru». Es war ein Geniestreich und der Startschuss zu einer perfekten Beziehung: Im Februar 2017 verlängerte Frey den Vertrag mit Russi «lebenslänglich».

So ist Bernhard Russi seit über 30 Jahren Dauergast in den Werbeblöcken – momentan vor allem auch zusammen mit Lara Gut als Botschafter

Begegnung auf Augenhöhe im Mai 1973: Der Skirennfahrer Bernhard Russi überreicht dem Radrennfahrer Eddy Merckx an der Giro d'Italia die Auszeichnung «Goldener Stern» der Genfer Tageszeitung «La Suisse».

Gemeinsam mit Mannequins bewirbt Russi die neue Skimode des Jahres 1988. Die Models lassen sich auf Gras-Skiern einen Hügel im Park vom Schloss Hünigen in Hiltenfingen hinaufziehen.

Man verzieh Russi sogar, dass er sich mit dem Liedchen »Winter isch kei Winter ohni Schnee« als Sänger versuchte.

der Optikerkette «Visilab». Und trotzdem zwischen einem Vierradantrieb, einer Kreditkarte und einem Brillengestell kaum Berührungspunkte bestehen, schafft Russi den Spagat innerhalb der unterschiedlichen Branchen mit spielerischer Leichtigkeit und natürlicher Überzeugungskraft. Zwar gibt es keine verlässlichen Statistiken. Aber man kann sich gut vorstellen, dass Russis Werbebotschaften gerade bei weiblichen Kunden hervorragend ankommen.

Einen entscheidenden Anteil zu dieser generationen- und geschlechterübergreifenden Popularität hatte Russis Engagement als Experte beim Schweizer Fernsehen. In einem Genre, das mittlerweile einen akuten Personalüberschuss zu beklagten hat und das zunehmend zu einer Anlaufstelle für Arbeitsbeschaffungsmassnahmen für zurückgetretene Fahrer(innen) und Trainer verkommt, war Russi der Erste und der Beste. Anfänglich an der Seit von Karl Erb, zuletzt zusammen mit Matthias Hüppi,

Ausgelassene Freude: Russi gewinnt 2005 das Skilegenden-Rennen in Vail, USA.

analysierte er die Fahrten und Fehler der Skisportler auf den Pisten dieser Welt mit einer Präzision und Sachlichkeit, die diesen Sport für alle zugänglich machte. Russi kannte die Ideallinie selbst bei Nebel und Schneefall. Er wirkte nie belehrend oder besserwisserisch. Und quasi nebenbei erfand er das Format der Kamerafahrt.

Mit Objektiv und Mikrofon stürzte er sich talwärts und vermittelte den Zuschauern ein Bild davon, wie anspruchsvoll und steil die Strecken tatsächlich sind. Als wäre es das Normalste der Welt, kommentierte er seine Fahrten selber. Auch hier galt: Russi stand für Glaubwürdigkeit, Ehrlichkeit, Verlässlichkeit. Was er im Fernsehen sagte, hatte mehr Gültigkeit als eine bundesrätliche Neujahrsansprache und der päpstliche Ostersegen zusammen. Dass er sich – ähnlich wie als Skirennfahrer – auf dem Zenit dieser Laufbahn verabschiedete, passt perfekt ins Bild und führte an den Weltmeisterschaften 2017 in St. Moritz zu einem Novum: Zusammen mit Matthias Hüppi überreichte Russi nach dem abschliessenden Männer-Slalom den Erstplatzierten Marcel Hirscher, Manuel Feller und Felix Neureuther die Medaillen. Urs Lehmann, der Präsident von Swiss-Ski, meinte: «Dies ist ein schwieriger Moment für den Schweizer Skisport. Ihr habt unsere Siege zelebriert. Und wenn's mal nicht so lief, habt ihr die Wogen geglättet. Danke.» Wann jemals wurden Medienschaffende von einem Verbandoberen mit solch salbungsvollen Worten verabschiedet?

Bernhard Russi ist ein Schweizer Phänomen. In einem Land, in dem Erfolg überproportional schnell Neider und Stänkerer hervorruft, in dem Mittelmass als Tugend wahrgenommen wird, blieb er selbst als Ausnahmefigur immer unantastbar. Man verzieh ihm sogar, dass er sich 1978 auf den Spuren von Tony Sailer als Sänger versuchte und in der Silvester-Sendung «Zum doppelten Engel» mit dem Liedchen «Winter isch kei Winter ohni Schnee» eine schwere musikalische Straftat beging. «Sowas macht man einmal im Leben», sagt er heute lachend. Rückblickend hatte Bernhard Russi aber auch mit diesem Auftritt recht: Er sah schon in den 1970er-Jahren die Klimaerwärmung voraus.

Wachslos glücklich.
Seinen ersten Triumph verdankte Bernhard Russi der Improvisationskunst seines Trainers.

3

VAL GARDENA
DER GEBURTSORT
EINER SCHWEIZER LEGENDE

Das Val Gardena liegt in Südtirol. Doch bekannt ist das Grödental im Skisport für eine Spezialität, die sonst vor allem dem Wüstenraum zugeordnet wird – für die Kamelbuckel. Sie markieren eine der Schlüsselstellen der legendären Saslong-Abfahrt. Die drei anspruchsvollen Sprünge in kurzer Abfolge animierten seit jeher die Fantasien der Rennfahrer. Die Absicht, den dritten Buckel zu überspringen, wurde schon früh in Erwägung gezogen – doch aus Sicherheitsgründen immer wieder fallen gelassen. Der Österreicher Uli Spiess war im Jahr 1980 der Erste, der dieses Wagnis einging.

Als Bernhard Russi am 15. Februar 1970 auf dem Startgelände hoch über Wolkenstein stand, war dies noch kein Thema. Es war der Tag der WM-Abfahrt – und für Russi der Ausnahmezustand. Der 21-jährige Urner hätte noch vor wenigen Wochen nicht im Traum damit gerechnet, für die Weltmeisterschaft nominiert zu werden. Nach der langen Verletzungs-pause stand die Saison für ihn im Zeichen der Konsolidierung und der Annäherung an die Spitzenplätze.

Doch auf der Lauberhorn-Abfahrt belegte er am 10. Januar mit der Nummer 73 sensationell den zehnten Platz und sicherte sich quasi aus dem Nichts den ersten Weltcup-Punkt. Drei Wochen später bestätigte er diesen Coup mit dem vierten Platz in der Abfahrt von Garmisch-Partenkirchen.

Russi avancierte über Nacht zum Hoffnungsträger einer ganzen Skination. Und Selektionschef Urs Weber bewies ein feines Gespür. Er nahm dieses Resultat zum Anlass, Bernhard Russi für die Weltmeisterschaft in Italien aufzubieten. Damit wurde Weber auch dem öffentlichen Anspruch nach einer Verjüngung der Schweizer Mannschaft gerecht. Russi erhielt in der Abfahrt die Chance, sich auf Topniveau zu bewähren. «Ich verdankte diese Möglichkeit auch glücklichen Umständen. Im Vorfeld der WM verletzten sich drei der besten Schweizer Abfahrer: Hanpeter Rohr, Jos Minsch und Kurt Huggler.»

Bergab und steil aufwärts: Russi auf dem Weg zu Abfahrtsgold 1970.

31

🔼 Nach einem Blick auf die Anzeigentafel kann Russi sein Glück kaum fassen: Er ist Erster!

Spezielle Witterungsverhältnisse machten den letzten Tag der Weltmeisterschaft zu einer besonderen Herausforderung: Über Nacht waren rund zwanzig Zentimeter Schnee gefallen. Am Morgen wurden die Fahrer von winterlich-kühlen Temperaturen und einem verhangenen Himmel empfangen. Doch just nach Beginn des Rennens riss die Wolkendecke auf – und die Sonne stellte die Bedingungen auf den Kopf.

Russi noch seine Teamkollegen machten sich darüber zunächst grosse Gedanken. Sie vertrauten ihren Materialexperten.

Schon bald jedoch verging den Schweizern das Lachen. Der Davoser Söre Sprecher traf mit der Nummer 2 zwar mit fast zwei Sekunden Vorsprung auf den vor ihm gestarteten Franzosen Bernard Orcel im Ziel ein. Doch der Davoser realisierte schnell, dass

Berlinger schritt resolut zur Tat: «Ski hoch!». Dann rückte er der Wachsschicht mit wilder Gewalt zu Leibe.

Dies durchkreuzte das helvetische Planspiel. Die Betreuer Paul Berlinger und Jakob Tischhauser hatten in der Nähe des Hotels intensive Wachsversuche mit den Skiern unternommen. Kurt Schnider, der als Vorfahrer den Schweizern die ersten Eindrücke schilderte, berichtete per Funk von einer Piste, die nicht die erwartet hohen Tempi zuliess. Aber weder

nicht alles optimal gelaufen war: «Ich fuhr in der Hocke über die Kamelbuckel – und hob trotzdem kaum ab. Das Tempo fehlte mir auf der gesamten Strecke.» Prompt wurde Sprechers Bestzeit relativiert. Der baumlange Vorarlberger Karl Cordin fuhr mit der Nummer 3 fast fünf Sekunden schneller als Sprecher. Nun sollte es Jean-Daniel Dätwyler für die

Schweizer richten. Twyl, wie er von seinen Freunden genannt wurde, schien alle Trümpfe in der Hand zu halten. Er hatte ein Jahr zuvor die WM-Hauptprobe auf derselben Strecke gewonnen und brachte als Olympia-Dritter von Grenoble sowohl Erfahrung als auch Moral ins Rennen – was bei Grossanlässen oft entscheidend ist. Tatsächlich: Dätwyler absolvierte eine bestechende Fahrt. Der legendäre Fernsehreporter Karl Erb beschrieb seine Leistung als «brillant». Die Zuschauer am Streckenrand waren tief beeindruckt. Dätwyler demonstrierte weltmeisterliche Klasse. Doch die Longines-Zuschaueruhr zeigte eine andere Wahrheit: Twyl war mit über zweieinhalb Sekunden Rückstand zu Cordin abgefahren. Die Schweizer Hoffnungen drohten sich in der italienischen Bergluft zu verflüchtigen.

Auf dem Startgelände schloss Russi währenddessen seine Vorbereitungen ab. Er kontrollierte noch ein letztes Mal Skier und Bindung und schob sich ins Starthaus. Dort sah er auf einer Schiefertafel die Zeiten seiner Konkurrenten – und musste zur Kenntnis nehmen, dass Cordin seine Gegner in Grund und Boden gefahren hatte. «Verwachst – aus, vorbei, das Rennen ist verloren», dachte Russi.

Betreuer Paul Berlinger war ratlos. Er wollte nicht wahrhaben, dass das Schweizer Wachs versagte. Bei den Testläufen am Vormittag waren noch optimale Ergebnisse erzielt worden. Da eilte das zum Funker ernannte Riesenslalom-Talent Heini Hemmi herbei: «Trainer Georg Grünenfelder meldet, dass wir das Wachs leicht abziehen sollen.» Für Nuancen war jedoch in der Kälte keine Möglichkeit mehr. Berlinger schritt resolut zur Tat und forderte Russi auf: «Ski hoch!» Edy Bruggmann, der ebenfalls noch auf den Start wartete, hielt seinen Kollegen im Gleichgewicht. Berlinger rückte der Wachsschicht mit einer Ziehklinge zu Leibe und kratzte mit wilder Gewalt. Im vormals spiegelglatten Belag bildeten sich feine Wellen, während die Uhr unerbittlich tickte. «Nummer 15, Russi!», schrie ein Südtiroler unmissverständlich. Berlinger vollendete seine Verzweiflungstat nur Sekunden, bevor das Startsignal für Russi ertönte.

Es sollte eine Notfallmassnahme sein, die den Skisport revolutionierte. Der WM-Neuling, der nie zuvor auf einem Weltcup-Podest gestanden hatte, wurde erster Schweizer Abfahrtsweltmeister seit 34 Jahren. Wachslos! Die Schweiz jubelte, ausgenommen Wachsfabrikant Toko.

Plötzlich im Fokus: Auf einen Schlag wird der 21-jährige Urner zu einer Person des öffentlichen Lebens.

**Zwei Wochen, die ein Land veränderten.
Kaum ein Sportanlass prägte die Schweiz stärker
als die Winterspiele von Sapporo.**

4

EIN OLYMPIASIEGER NAMENS LUSSI

Sapporo 1972, XI. Olympische Winterspiele, 35 Wettkämpfe, 1128 Teilnehmer, 35 Nationen, zehn Schweizer Medaillen. Zwar schnitten die Schweizer in Pyeongchang (2018 – 15 Medaillen), Calgary (1988 – 15), Turin (2006 – 14) und Sotschi (2014 – 11) noch besser ab. Für Sportfreundinnen und -freunde mit gutem Gedächtnis aber ist bis heute Sapporo, die grösste Stadt auf der nördlichsten japanischen Insel Hokkaido, der Inbegriff für den sportlichen Goldrausch geblieben.

Nach Pyeongchang reiste die Schweizer Delegation mit 171 Athleten. 46 Jahre zuvor war die helvetische Olympia-Mission noch überschaubarer – sechs Sportlerinnen und 57 Sportler kämpften um olympischen Ruhm. Das Ungleichgewicht der Geschlechter war sozusagen systembedingt: Sportarten wie Eishockey, Bob oder Skispringen waren damals den Männern vorbehalten.

Bei der Eröffnungsfeier trug der Flumser Skirennfahrer Edy Bruggmann die Schweizer Fahne.

Wie weit Japan damals von der Schweiz entfernt war, lässt sich an der Frage eines verdutzten Einheimischen ablesen: «Ich wusste nicht, dass das Rote Kreuz eine Mannschaft stellt.» Elf Tage später wussten fast alle 120 Millionen Japaner, dass irgendwo in Europa ein Staat namens Switzerland existiert, ein Staat, der nicht nur Uhren, Schokolade und Käse produziert, sondern auch erfolgreiche Wintersportler hervorbringt.

Die vermeintlichen Rotkreuz-Fahrer gewannen viermal Gold, dreimal Silber und dreimal Bronze. In der Medaillenstatistik belegten sie hinter der Sowjetunion und der DDR Rang 3. Weil diese Nationen seither der Weltkarte abhandengekommen sind, rückte die Schweiz posthum auf Platz Nummer 1 vor.

Diese Dominanz kostete der Schweizer Botschafter Giovanni Bucher bis zur Neige aus – gratis. Bucher hatte seine Residenz für zwei Wochen von Tokio nach Sapporo verlegt, freute sich über den

Offensichtlich entspannt und optimistisch: Bernhard Russi an der Winterolympiade in Japan.

35

täglich steigenden Bekanntheitsgrad des von ihm vertretenen kleinen Landes und liess die Korken knallen. Nach jedem Erfolg spendierte der grosszügige Diplomat Champagner à discrétion. Da viele Sportler Alkohol mieden, nahmen sich stattdessen einige Medienleute hilfsbereit der Flüssignahrung an. Indem sie den Athleten das formmindernde Ge-

und Alois Kälin. Den Schweizer Triumph rundeten die Bobfahrer Jean Wicki, Edy Hubacher, Werner Camichel und Hans Leutenegger mit Gold und Bronze auf. «Hausi» Leutenegger, laut «Bilanz» mindestens hundertfacher Millionär, schaffte es auf dem zweiten Dienstweg zum Hollywoodstar. Auch 46 Jahre nach Sapporo fehlt er auf keinem Roten Teppich.

Bucher schickte seine Champagner-Rechnungen an das Departement für auswärtige Angelegenheiten nach Bern.

tränk vorenthielten, steuerten sie quasi ebenfalls ihren kleinen Teil zum Schweizer Medaillenglück bei – so zumindest schildern es Zeitzeugen.

Des Botschafters scheinbare Generosität führte zu einem längeren Nachspiel. Bucher schickte seine Champagner-Rechnungen an das Departement für auswärtige Angelegenheiten nach Bern. Das EDA hatte diese auswärtige Angelegenheit jedoch nicht budgetiert und leitete die Faktur an das Schweizerische Olympische Komitee in Lausanne weiter. Das SOC beauftragte den Schweizerischen Landesverband für Leibesübungen mit der Erledigung. Der SLL gab sich unwissend und nahm den Schweizerischen Skiverband in die Verantwortung. Der SSV distanzierte sich von diesem olympischen Gelage und retournierte Buchers Spesennote an das EDA. Falls die Rechnung (Bucher hat inzwischen das Zeitliche gesegnet) nicht mehr unterwegs ist, wurde sie wahrscheinlich irgendwann von irgendwem beglichen – möglicherweise vom Steuerzahler.

Viel effizienter als die Schweizer Bürokraten operierten die Schweizer Athleten – sie gewannen ein Drittel des alpinen Edelmetalls. Acht der insgesamt zehn Medaillen steuerte das Skiteam bei. Gold: zweimal Marie-Therese Nadig, einmal Bernhard Russi; Silber: Fahnenträger Bruggmann, Roland Collombin, Skispringer Walter Steiner; Bronze: Werner Mattle, 4 x 10-km-Staffel mit Albert Giger, Edy Hauser, Alfred

Die Steigerungsform von überraschend ist überraschender. Für diesen Komparativ zeichnete die vorher ausserhalb des Kantons St. Gallen kaum bekannte Marie-Theres alias Maite Nadig verantwortlich. Die 17-jährige Novizin vom Flumserberg gewann Riesenslalom und Abfahrt, was die ihres Erachtens unschlagbare Annemarie Pröll schimpfend und grollend zu Tränen rührte.

Der Schweizer Reporter Karl Erb, in Sapporo einer von drei Kommentatoren des Fernsehens DRS, erinnert sich an Nadigs denkwürdige Leistungen: «Nadig lieferte mit ihrem Triumph in der Abfahrt die Initialzündung zum Schweizer Medaillenregen. Sie war schon während der Saison stark gefahren – und wir rechneten mit ihr. Dass sie aber die vermeintlich unschlagbare Österreicherin Annemarie Pröll bezwingen konnte, war auch für uns eine grosse Überraschung – und für Österreich eine Tragödie.»

Mit Pröll weinte ganz Österreich. Denn zuvor hatte schon der designierte Nationalheld Karl Schranz wegen eines Verstosses gegen den Amateurstatus die Rote Karte gesehen. Karl Erb führt aus: «Der greise IOC-Präsident, Alpinski-Intimfeind Avery Brundage, verjagte Schranz wegen angeblich unerlaubter Werbung bei einem Plausch-Fussballspiel aus dem olympischen Dorf. Schranz hatte den amerikanischen Funktionär nach seinem Sieg in Kitzbühel mit einigen Interview-Aussagen im Stolz

Interkontinentaler Charme. Russi ist im Land des Lächelns bestens aufgehoben. ⟩

verletzt. Dafür folgte nun die Retourkutsche.» Die drakonische Strafe beförderte Schranz zum Märtyrer. In Wien empfingen den «moralischen Olympiasieger» über 100 000 Patrioten – «gegen den Russi nicht den Hauch einer Chance gehabt hätte», wie viele Österreicher wussten.

So aber wurde die Abfahrt in Sapporo zum Schweizer Duell zwischen dem Arrivierten Bernhard Russi und seinem Herausforderer Rolland Collombin. Russi hatte mit seinem WM-Titel 1970 in Val Gardena eine Ski-Euphorie in der Schweiz entfacht, wie man sie zuvor nicht gekannt hatte. Collombin

trat als unbekümmerter Aussenseiter zur Olympia-Abfahrt an. Russi, dem die perfekte Fahrt gelang, startete mit der Nummer 4. Collombin – mit der Startnummer 11 – riskierte alles und wurde mit 63 Hundertstelsekunden Rückstand Zweiter.

Der Unterschied zwischen den Olympiateams Schweiz und Österreich bestand aus drei Buchstaben: OGI. Der Direktor für Wettkampfsport und Training im Schweizerischen Skiverband plante den Schweizer Goldregen akribisch. Im Februar 1971 flog er mit je fünf Aktiven und Funktionären nach Sapporo, liess dort alle Olympiapisten vermessen,

Ehrlich verdient: Der Goldmedaillengewinner Bernhard Russi besteigt das Siegerpodest.

Die Anzeigetafel im Zielraum mit dem historischen Endergebnis am 7. Februar 1972.

testete die Funkverbindungen, entschied sich für einen eigenen Koch und ordnete wissenschaftliche Materialtests an. Ogi kehrte mit Sapporo-Schnee in die Schweiz zurück und verlangte von den Experten exakte Analysen. Hierauf mischten Spezialisten das legendäre Schweizer Geheimwachs.

Der Sapporo-Erfolg bescherte dem Schweizerischen Skiverband 30 000 Neumitglieder. Ein un-

Jacques Pousaz (fünf Spiele, fünf Niederlagen) in einem einschlägigen Lokal seine Silbermedaille so einschlägig, dass die beiden schlagfertigen Zecher den Rest der Nacht hinter japanischen Gardinen verbringen mussten. «Ich konnte ja nicht ahnen, dass es die japanischen Polizisten so viel strenger nehmen als ihre Schweizer Kollegen», sagt Collombin heute lachend. Vom Gefängniswärter verab-

Der Sapporo-Erfolg bescherte dem Schweizerischen Skiverband 30 000 Neumitglieder.

bekannter Poet (kein Österreicher) dichtete «Ogis Leute siegen heute». Der spätere Bundesrat war damals an allen Fronten gefordert. Besonders wenn Roland Collombin mit seinen Kollegen das asiatische Nachtleben testete, musste Ogi noch (oder schon) im Morgengrauen ausrücken. Nach seinem zweiten Platz in der Abfahrt feierte der leutselige Walliser in Gesellschaft des Eishockeyspielers

schiedete er sich mit seinem einzigen japanischen Wort: Sayonara!

Auch sonst überwanden die Schweizer mit ihren Auftritten in Japan gesellschaftliche, kulturelle und sprachliche Grenzen. So weiss die Mehrzahl der Japaner seither, dass irgendwo auf dem Globus ein kleines Land namens Schweiz existiert – mit einem der grössten Abfahrer aller Zeiten: Lussi!

Ritterschlag: Russi erhält am 7. Februar 1972 in Sapporo die Olympia-Goldmedaille.

**Militärische Härte, Drill auf dem Parkplatz
und die ultimative Aufforderung zur Pünktlichkeit.
Adolf Ogi brachte Bernhard Russi
Disziplin und Gehorsam bei.**

5

ADOLF OGI: »ICH HÄTTE RUSSI GESPERRT.«

Bernhard Russi weiss, dass er, im Hinblick auf die Winterspiele in Sapporo, der generalstabsmässigen Vorbereitung und der straffen Führung von Adolf Ogi vieles verdankt. «Für mich war Ogi entscheidend. Er war es, der uns die Grenzen aufzeigte. Und uns klarmachte, dass hundert Prozent nicht genügen.»

Zur Legendenbildung diente ein besonderes Erlebnis: Die Schweizer bereiteten sich im Trainingslager in Pontresina auf die Winterspiele vor. Es schneite und stürmte. Auf der Lagalp konnte nicht gefahren werden. Ogi bot seine Mannen zum Konditionstraining auf. Und ärgerte sich masslos: Die meisten erschienen ungenügend gekleidet: keine Jacke, keine Handschuhe. Der Gebirgsgrenadier-Offizier der Schweizer Armee befahl: «Mir nach, marsch!» Doch die Sportler verweigerten den Gehorsam. Beim Bahnhof Pontresina realisierte Ogi, dass die Zeit für ein Machtwort und eine Straflek-

tion gekommen war. Zu den Drillübungen, die er bei minus 15 Grad und 30 Zentimeter Neuschnee befahl, gehörte der «Stosskarretten-Staffellauf». «Heute würde man mich wegen Verletzung der Menschenrechte anzeigen», sagt Ogi. Der gequälte Russi beschwerte sich am Abend im Zimmer des Chefs lauthals. Ogi stellte den Aufmüpfigen in den Senkel: «Hier ist die Tür, entweder willst du Weltmeister und Olympiasieger werden – oder du fährst nach Hause.»

Und noch einmal war später ein Machtwort Ogis gefordert. Sommer 1975: Ein Trainingslager in Chile stand auf dem Programm. Die gesamte Schweizer Delegation war auf den Flug des Verbandssponsors Swissair nach Rio de Janeiro gebucht. Als Gegenleistung für den kostenlosen Transport erwartete die Fluggesellschaft, dass die Sportler vor dem Abflug in Zürich für Werbeaufnahmen zur Verfügung stehen. Russi aber hatte sich bei Ogi abgemeldet: «Ich kann

Ein Kalauer für die Ewigkeit. Fans im Zielraum der Ski-WM 1974 in St. Moritz. Gesiegt haben bei dieser Gelegenheit allerdings andere. Slalom-Bronze von Lise-Marie Morerod blieb die einzige Schweizer Medaille bei diesen Heim-Titelkämpfen.

43

«Bernhard hat ein ausgeprägtes Gespür für wichtige Momente.»

Adolf Ogi

einen Tag früher gratis mit Aerolinas Argentinas via Buenos Aires fliegen.» Ogi, der sich der Verantwortung gegenüber den Sponsoren bewusst war, stellte klar: «Du kannst gerne nach Buenos Aires fliegen – aber am nächsten Morgen bist du pünktlich für die Werbeaufnahmen wieder in Zürich. Falls du nicht kommst, sperre ich dich höchstpersönlich.»

Dies wiederum setzte Hannes Estermann, den Geschäftsführer von Russis Sponsor «Diners Club», in höchste Alarmbereitschaft. Estermann griff zum Telefon und rief Ogi an: «Sie können Russi doch nicht sperren.» Ogi liess nicht mit sich reden: «Natürlich kann ich.» Estermann wollte dies nicht akzeptieren und lieferte sich mit dem «Ski-Chef» einen telefonischen Schlagabtausch: «Wann kann ich Sie sehen?» Ogi: «Ich bin in Kandersteg, aber es nützt nichts, wenn Sie mich sehen.» Estermann: «Sie können doch den Olympiasieger und Weltmeister nicht einfach sperren! Wie lange brauche ich von Brüttisellen nach Kandersteg?» Ogi: «Zweieinhalb Stunden.» Zweieinhalb Stunden später klingelte Hannes Estermann an Ogis Tür. Doch Ogi gab nicht nach. Immerhin liess sich Estermann davon überzeugen, Russi gut zuzureden. Letztlich schwenkte der Rennfahrer ein: «Bernhard war pünktlich vor Abflug für die Werbeaufnahmen in Kloten», erinnert sich Ogi schmunzelnd. Diese Episode sei durchaus beispielhaft für Bernhard Russi. «Bernhard wusste immer ganz genau, wann er wo sein musste – sportlich, geschäftlich, privat», so Ogi. «Er hat ein ausgeprägtes Gespür für wichtige Momente.»

Bundesrätliche Bauchlandung. Adolf Ogi versinkt als Langläufer im Tiefschnee (1993).

«Der ist gut in Politik und ich bin gut im Sport.»

Adolf Ogi an seinem 60sten Geburtstag über Bernhard Russi

Die Schweiz erobert Hokkaido.
Wenn der 1. August schon im Februar stattfindet.
Ein Blick zurück auf das wohl wichtigste Abfahrts-
rennen der helvetischen Sportgeschichte.

6

»SO EIN TAG, SO WUNDER-SCHÖN WIE HEUTE.«

Der 7. Februar 1972 war ein Montag. In Grossbritannien wurde an diesem Datum die Einführung des metrischen Systems für Masse und Gewichte beschlossen. In der Schweizer Hitparade stand der britische Gitarrist Phil Cordell mit der eher seichten Instrumentalnummer «I will return» an der Spitze der Hitparade. Im amerikanischen Bundesstaat Georgia wurde die spätere Schauspielerin Robyn Lively geboren. In Bern fungierte der Tessiner Nello Celio als Bundespräsident.

Doch helvetische Landesgeschichte wurde im japanischen Sapporo geschrieben – am Tag des Abfahrtsrennens bei den Olympischen Winterspielen.

Chronisten berichteten von «azurblauem Himmel, warmer Sonne, die das Land in wunderbares, kontrastreiches Licht tauchte». Man verstand den Slogan, mit dem die Insel Hokkaido in den Ballungszentren Japans, vor allem in Tokio, wirbt: «Die klare Luft der Berge von Hokkaido.» Ein Reklamespruch,

quasi als sportliche Verheissung für die Schweizer Delegation. Eniwa-Take, der Name des Berges, auf dem die olympischen Skiwettbewerbe stattfanden, bedeutet auf Deutsch «glücklicher Gartenberg». Doch nicht alle Nationen waren dieser Meinung. Die Franzosen, die vier Jahre zuvor in den beiden Abfahrtsrennen drei Medaillen gewonnen hatten, gingen leer aus. Und auch die Österreicher empfanden – trotz zweimal Edelmetall – das verpasste Gold kaum als Inbegriff der Glückseligkeit.

Für die Schweizer dagegen stimmte der Name des Berges perfekt zur Gefühlslage. Gleich zu Beginn der Spiele hatte Marie-Theres Nadig mit dem sensationellen Abfahrtstriumph das helvetische Feuerwerk gezündet. Zwei Tage später zogen ihre männlichen Kollegen nach.

Das Abfahrtsrennen war in jeder Beziehung aussergewöhnlich. Die vor allem im obersten Teil sehr steile Strecke führte durch lichte Bambus- und

Top 3 in Sapporo: Sieger Russi umrahmt von Silbermedaillengewinner Collombin (rechts) und dem Österreicher Heinrich Messner.

47

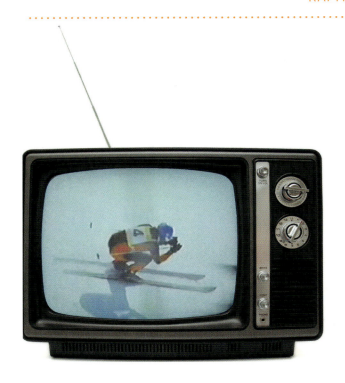

In der Olympia-Chronik «Sapporo 72» wird die Fairness der Konkurrenz hervorgehoben: «Die Gegner suchten gar nicht erst nach Ausflüchten wie schnellere Skier oder besseres Wachs, sondern anerkannten die Überlegenheit der Schweizer Abfahrer, die zum Zeitpunkt der Winterspiele so stark waren, dass die zur Weltelite gehörenden Gebrüder Dätwyler mangels Startplätzen nicht selektioniert werden konnten.»

Doch zurück zum Rennverlauf: Die undankbare Aufgabe, das Rennen mit Startnummer 1 zu eröffnen, hatte der Davoser Andreas Sprecher. Er begann fulminant, wurde — wie sich aufgrund damals fehlender Einblendung erst nachträglich herausstellte — bei halber Distanz mit der besten Zwischenzeit gestoppt und beging dann in den Kurven des zweiten Streckenteils den einen oder

Wie auf Schienen und fast überall in tiefer Hocke raste Russi durch die japanischen Wälder.

Birkenwälder und nur ein paar Kilometer entfernt stiess der mystische Tarumae-Vulkan weissgraue Rauchwolken in den sonst makellosen Himmel. Die 55 Fahrer aus zwanzig Nationen starteten auf der vergleichsweise bescheidenen Höhe von 1126 Metern über Meer. Das Ziel befand sich 772 Meter tiefer — auf 354 Meter über Meer. Damit wies die Piste nicht die vom Internationalen Skiverband (FIS) für Weltmeisterschaften und Olympische Spiele vorgeschriebene Höhendifferenz von 800 Metern auf. Trotzdem erlaubte der technisch anspruchsvolle Parcours ein reguläres Rennen von hohem sportlichem Gehalt. Die Schweizer nutzten diese speziellen Bedingungen zu einer noch nie da gewesenen Machtdemonstration. Sie stellten mit Russi und Collombin nicht nur die beiden schnellsten Fahrer, sondern brachten alle vier gestarteten Athleten unter die Top 6. Andreas Sprecher wurde Vierter, Walter Tresch Sechster.

anderen Fehler. Auch mit 48 Jahren Abstand erinnert sich der Davoser noch genau an dieses Rennen: «Ich hatte Pech mit der Startnummer 1. Auf der Piste lag noch Neuschnee. Im oberen Streckenteil lief es hervorragend. Doch in den Gleitpassagen war ich gegen Russi und Collombin chancenlos.» Trotzdem fehlten Sprecher letztlich nur 0,71 Sekunden aufs Podest. Der Davoser haderte gleichwohl nie mit dem Schicksal — und zieht sogar noch positive Erkenntnisse aus jener Erfahrung: «Eine Medaille wäre schön gewesen. Aber vielleicht bleibt ein vierter Platz den Menschen fast noch mehr im Gedächtnis haften.»

Bernhard Russi, der 23-jährige Urner, den viele nach dem Sieg in Val Gardena als Zufallsweltmeister bezeichnet hatten, bewegte sich in einer anderen Klasse. Er bestätigte seine herausragende Form und zauberte eine makellose Fahrt in den Schnee. Wie auf Schienen und fast überall in tiefer Hocke

Die Olympia-Abfahrten am Mount Eniwa. Mit nur 1320 Metern Gipfelhöhe ist der Berg auf Hokkaido für Schweizer Verhältnisse eher ein Hügel.

Der Name des Berges passte perfekt zur Gefühlslage der Schweizer. Eniwa-Take bedeutet auf Deutsch «glücklicher Gartenberg».

raste er durch die japanischen Wälder. Und als gleich nach ihm der österreichische Teamälteste und Mitfavorit Heini Messner annähernd eine Sekunde einbüsste, ahnten die 3000 Zuschauer an der Strecke, dass der Olympiasieger eigentlich nur Bernhard Russi heissen konnte. Nur noch einmal musste der Urner um seinen Titel bangen – nach dem Start des 20-jährigen Wallisers Roland Collombin. Die Chronisten schrieben von einer «Expressfahrt» und

lieferten die biografischen und statistischen Details: «Der jüngste Schweizer Abfahrer, der früher Radrennen bestritten hatte und erst im Winter 1971/72 als Skirennfahrer international in Erscheinung trat, verfehlte jedoch zehn Tage vor seinem 21-jährigen Geburtstag Russis Siegerzeit um 0,64 Sekunden, entriss aber Heini Messner die Silbermedaille.»

Die Schweizer Berichterstatter hatten jedoch selbst für den Lieblingsfeind aus Österreich loben-

de Worte: «Heini reagierte sympathischer als zwei Tage zuvor die geschlagene Annemarie Pröll. Er freute sich über die bronzene Auszeichnung und betrachtete sie als Abschiedsgeschenk für einen flotten Sportsmann, der als ewiger Zweiter in die Geschichte des alpinen Skisports eingehen wird. 59 Mal positionierte sich Messner in grossen internationalen Rennen an zweiter Stelle.»

Den Kontrapunkt zu den jubelnden Schweizern stellten die Franzosen. Deren schnellster Mann, Roger Rossat-Mignod, fand sich in den Niederungen der Rangliste auf Platz 15. Dabei waren die französischen Verantwortlichen vermeintlich schlau vorgegangen und hatten ihren aussichtsreichsten Siegesanwärter, Henri Duvillard, in die zweite FIS-Gruppe zurückversetzt, um für ihn eine höhere Startnummer zu erhalten. Sie spekulierten damit, dass das oft von Minute zu Minute sich ändernde Wetter einen späteren Start begünstigen würde. Doch der Plan ging nicht auf. Das japanische Wetter zeigte sich an jenem 7. Februar von unüblicher Konstanz. Duvilllard fuhr auf der mit Furchen und Rinnen durchsetzten Piste mit Startnummer 27 statt aufs Podest auf Platz 19.

Nicht besser als den bedauernswerten Franzosen erging es den Deutschen. Sie schienen auf dem japanischen Schnee festzukleben, fanden nirgends die Ideallinie und brachten nur gerade Hansjörg Schlager unter die ersten Zwanzig. Für Franz Vogler, den WM-Dritten von 1966, hatte der Ausflug nach Sapporo (als 24. der Abfahrt) höchstens touristischen Wert. Die Schweizer dagegen feierten Geburtstag, Weihnachten und den 1. August gleichzeitig. Radio Beromünster eröffnete die Olympiasendung an jenem Morgen mit der Melodie: «So ein Tag, so wunderschön wie heute…»

Diese Abfahrt macht ihn unsterblich: Russi auf dem Weg zu olympischem Gold in Sapporo.

Ein junger Skifahrer wird zum Massenphänomen und bringt die Poststelle Andermatt an ihre Grenzen. Ein Blick zurück, als Bernhard Russi zum Medienstar wurde.

7

30 000 BRIEFE UND 1000 QUADRATMETER LAND

In der Medienwelt der Moderne erscheinen Stars oft aus dem Nichts – und verglühen schneller, als sie aufgetaucht sind. Eine sportlich herausragende Leistung ist für den Eingang ins öffentliche Bewusstsein keine Grundvoraussetzung. Vielmehr können ein optimal getimter Twitter-Eintrag, ein freches YouTube-Filmchen oder ein originelles Partybildchen auf Facebook innerhalb kürzester Zeit ihren Weg rund um den Globus finden. Dass der Übergang zwischen digitalem Scheinwerferlicht und viralem Shitstorm fliessend ist, macht die Sache unberechenbar – aber auch spannend. In der Anonymität des World Wide Web dürfen alle ihre Meinung äussern.

Als Bernhard Russi am 15. Februar 1970 in Val Gardena auf sensationelle Weise Abfahrtsweltmeister wurde, beschränkte sich das mediale Universum auf Radiofrequenzen, Fernsehbilder und Zeitungsreportagen. Und trotzdem war der 21-jährige Urner der erste Schweizer Sportler, der quasi im Highspeed durch alle (Medien-)Kanäle raste und dank den immer populärer werdenden Fernsehübertragungen zu einem öffentlichen Allgemeingut avancierte. Lange bevor Marketingauftritte oder PR-Aktivitäten ins Portfolio eines jeden halbwegs erfolgreichen Athleten gehörten, sah sich Russi mit einer Herausforderung konfrontiert, die im Urserental so weit weg schien wie der Gemsstock von Hollywood: Er musste die Anliegen und Wünsche einer Öffentlichkeit befriedigen, die von dem neuen Schweizer Skihelden alles wissen wollte, die zu einem Teil seines Lebens werden wollte.

Nein zu sagen fällt in dieser Situation oft schwer. «Ich fühlte mich einfach verpflichtet. Ich wollte niemandem eine Bitte abschlagen und mit einer Absage beleidigen», äusserte sich Russi nach seinem Olympiasieg in Sapporo zu diesem oft schwierigen Spagat. «Ich hatte das Gefühl, man hätte mir das

Bernhard Russi wird nach dem Gewinn des WM-Titels als erst zweite noch lebende Person zum Ehrenbürger der Korporation Ursern ernannt.

53

verübelt, mich als hochnäsig verurteilt.» So sei er in einen richtigen Strudel von Fragen, Begehren und Ansinnen geraten. Es blieb aber nicht bei den branchenüblichen Interviewanfragen von Reportern, den Autogrammwünschen der Fans oder gut gemeinten Einladungen zu Festivitäten aller Art. Immer mehr erschienen auch Personen im Dunstkreis des jungen Champions, die ein Geschäft witterten: Münzpräger,

Zuschrift persönlich. Dabei ging ihm die ganze Familie zur Hand: Im Akkord wurden Adressen geschrieben, Kuverts verschlossen, Marken geklebt. Jede Unterschrift setzte Russi persönlich – bis er Krampferscheinungen im rechten Handgelenk verspürte. Schliesslich druckte ihm Verleger Hans Habegger zeitgemässe Autogrammkarten. Innert Kürze brachte Russi 15 000 Stück unter die Leute.

Der Briefträger musste die tägliche Fanpost fast mit einer Schubkarre zum Haus «Bellavista» bringen.

Fabrikanten, Unternehmer. Sie alle hofften, von Russis Glanz zu profitieren. Hätte der Rennfahrer jede Einladung und Offerte angenommen, er wäre wohl von einem Essen zum anderen gewandert, hätte sich von einer Einladung zur nächsten gehangelt, wäre aber kaum mehr zum Skifahren gekommen. Auch die Politik sah in dem Sportidol den Heilsbringer: So hätte Russi als Taufpate bei einer Parteigründung seinen Namen hergeben sollen. Und weil es ihm schwerfiel, Nein zu sagen, wäre er beinahe nicht mehr aus der Sache rausgekommen. Die rettende Hand kam aus dem Dorf Andermatt. Hans Leu, der Betriebsleiter der Gemsstockbahn, unterstützte Russi bei Verhandlungen und dem Beantworten von wichtiger Korrespondenz. Er nahm ihm den administrativen Kleinkram ab, wies ihm den Weg in einer Disziplin, die für viele Spitzensportler schwieriger zu bewältigen ist als die Hahnenkamm-Abfahrt und der Aufstieg zur Eigernordwand zusammen.

Die PTT-Filiale Andermatt wurde wegen Bernhard Russi quasi über Nacht zu einer der meistfrequentierten Poststellen weit und breit. Nach der Weltmeisterschaft 1970 in Val Gardena regnete es Telegramme und Briefe. Der Briefträger musste die tägliche Fanpost schon fast mit einer Schubkarre zum Haus «Bellavista» bringen. Russi freute sich über diese Form der Zuneigung und erledigte sie mit weltmeisterlicher Disziplin. Sofern die Absender feststellbar waren, beantwortete er jede

Glücklicherweise zeigte sich der Verkehrsverein Andermatt kulant. Er bezahlte die Postspesen – beanspruchte dafür aber den Slogan: «Andermatt, das Weltmeister-Dorf». Allein im Jahr 1970 verschickte Russi über 30 000 Postsendungen. Und er liess sich selbst von umständlichen Formaten nicht entmutigen, wenn ihm beispielsweise in Kartonrollen Poster zur Unterschrift zugeschickt wurden. Russi erfüllte auch diese Wünsche. Weshalb, erklärte er unter anderem mit mit seinen Erfahrungen als jugendlicher Ski-Fan: «Ich glaube, dass man als Weltmeister in der Öffentlichkeit eine gewisse Verpflichtung hat. Wie viele kleine Buben, Mitglieder eines bescheidenen Skiklubs oder Sportfans wären bitter enttäuscht gewesen, wenn ich nicht reagiert und ihre Bitten unbeantwortet gelassen hätte. Das konnte ich mir nicht leisten.»

Nach seinen ersten Erfolgen erhielt Russi plötzlich auch die Ehrungen stapelweise. Er wurde Ehrenmitglied des Skiclubs Gotthard Andermatt, des Urner Kantonalverbands und des Zentralschweizerischen Skiverbands. Der Schweizerische Skiverband verlieh ihm die «Goldene Verdienstnadel».

Ein spezielles Geschenk machte ihm die Korporation Ursern. Die Institution, die sich normalerweise von einem profanen Sporterfolg nicht von ihren traditionellen Grundsätzen abbringen lässt, schaffte ein Novum. Sie ernannte Bernhard Russi zu ihrem Ehrenbürger und schenkte ihm 1000 Quadratmeter

Fan-Post: Der Briefbote (mit jugendlicher Unterstützung) liefert Russi die postalischen Glückwünsche aus.

Land – frei wählbar. Ganz ohne Nebengeräusche ging der Akt im Bergdorf aber nicht über die Bühne. Ein Versammlungsmitglied stufte Russis Würdigung als übertrieben ein und verlangte von dem Beschenkten eine Erklärung. Russi bewies bei der Antwort diplomatisches Geschick: «Mir ist es egal, was mir geschenkt wird. Selbst wenn man mir sagt, dieser Stein sei mein Eigentum, habe ich genauso grosse Freude wie an den 1000 Quadratmetern Land.»

Bernhard Russi verstand den Sport schon in jungen Jahren als weit mehr als nur eine Möglichkeit, sich mit anderen Athleten zu messen. Er sah darin sowohl einen erfüllenden Lebensinhalt als auch eine Schule, die ihm genauso abseits der Piste ent-

scheidende Qualitäten vermittelt. In der von Karl Erb im Jahre 1971 verfassten Biografie äusserte er sich mit Selbstreflexion und Weitsicht zu diesem Thema: «Der Sport bringt mir eine Befriedigung, wie ich sie vielleicht in keiner anderen Lebensschule erleben kann. Der Sport ist für mich mehr als Kampf um Sekunden, Medaillen und Ruhm. Für mich bedeutet der Sport ein Stück Lebens- und Charakterschulung.» Der junge Athlet verstand aber auch, dass Erfolg nur mit Disziplin und einer konsequenten Strategie möglich ist: «Legt man sich nicht auf eine klare Linie fest und verfolgt diese mit Beharrlichkeit, hat man im Wettkampf keine Chance.»

In einer Zeit, in der Spitzensport in weiten Kreisen noch als Feierabendvergnügen wahrgenommen

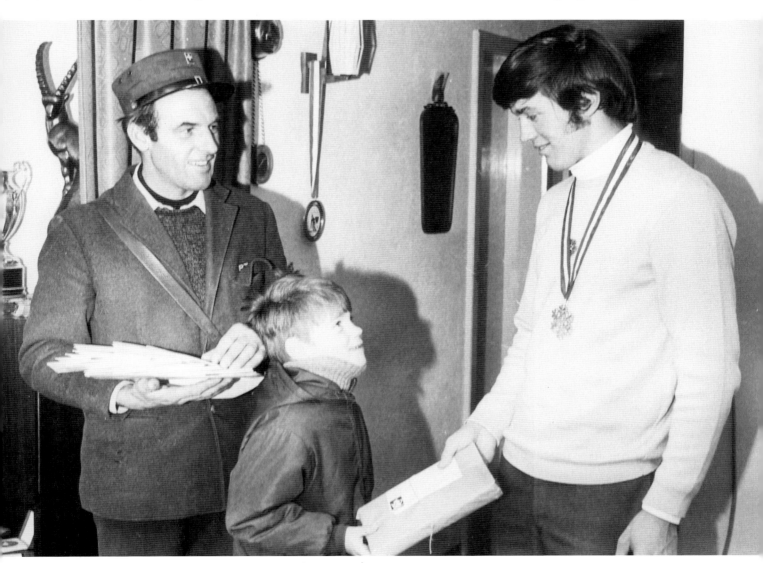

Ein Hoch auf den Champion. In Andermatt profitiert auch die Gastwirtschaft von Russis Golf-Fahrt in Sapporo.

wurde, und in der selbst die grössten Stars vom olympischen Gedanken zum Amateurstatus genötigt wurden, zog Russi Parallelen zum zivilen Berufsleben und verglich die an ihn gestellten Anforderungen mit denen anderer Branchen: «Ich habe im Sport gelernt, mich zu beherrschen, zu konzentrieren und auch restlos einzusetzen.»

Diese Qualitäten seien genauso in bürgerlichen Berufen von entscheidender Bedeutung. Russi strich permanent die Wichtigkeit des umfassenden Trainings und der gezielten Vorbereitung hervor. Was heute wie selbstverständlich tönt, räumte in den 1970er-Jahren weitverbreitete Missverständnisse

Schranz zwei Jahre später wegen eines Verstosses gegen die olympischen Regularien von den Winterspielen in Sapporo ausgeschlossen werden sollte, mutet schon fast wie eine Ironie des Schicksals an. Russi hatte sich von diesen Illusionen schon lange distanziert – weil er die wirtschaftliche Bedeutung des Spitzensports früher erkannte als die meisten anderen: «Von unserem Skirennsport profitieren so viele Kreise aus Tourismus und Wirtschaft, dass man den Athleten eine kleinere oder grössere Gegenleistung nicht untersagen darf. Bei aller Freude und Begeisterung für den Sport kann man nicht sein ganzes Leben in seinen Dienst stellen.»

«Man hat sich damit abzufinden, dass man als erfolgreicher Sportsmann in seiner Handlungsweise nicht mehr so frei ist wie früher.»

aus dem Weg: «Ich kann als Spitzenfahrer nicht nebenbei trainieren und meine Rennen sozusagen als Hobby bestreiten. Man kann es drehen und wenden, wie man will: Im alpinen Skirennsport ist der Athlet von November bis März voll beansprucht. In der übrigen Zeit kann man seinen Sport nicht einfach vergessen. Konditionelle und technische Ausbildung ertragen in der Wettkampfpause keinen Unterbruch. Ganz abgesehen davon, ist es in der Praxis undenkbar, dass man eine Art ‹Halbjahresberuf› ausübt. Dazu sind die Ansprüche, die an uns gestellt werden, zu hoch.»

Russi nahm mit dieser Ausführung quasi die Professionalisierung vorweg: «Wenn immer wieder über den Amateurbegriff diskutiert und gerade der alpine Skisport heftig diskutiert werden, glaube ich in aller Bescheidenheit feststellen zu dürfen, dass diese Definition aus einer anderen Zeit stammt.» Der Amateursport aus der heroischen Epoche des Sports existiere nicht mehr, stellte Russi klar und deutlich fest. Dass sein österreichischer Rivale Karl

Russi beschrieb die latente Unsicherheit und frappante Schnelllebigkeit in seinem Geschäft mit Präzision: «Über unserer Tätigkeit schwebt die grosse Unsicherheit. Was geschieht, wenn ich schwer verunfalle? Wer hilft mir dann? Wer sorgt dafür, dass meine Zukunft trotzdem gesichert ist? Wer garantiert dafür, dass ich nach Abschluss meiner Karriere eine einigermassen erfolgversprechende berufliche Laufbahn einschlagen kann? Wer streckt mir Geld vor, wenn ich ein Geschäft aufbauen will? Wer greift mir unter die Arme, wenn ich beruflich nicht reüssiere? All diese Fragen werden von den Theoretikern, die den reinen Amateurismus predigen, ausgeblendet.»

Bernhard Russi verdankt seinem sportlichen Erfolg auch einen gesellschaftlichen Aufstieg, den er in diesem Tempo kaum je für möglich gehalten hätte. Quasi über Nacht wurde aus dem Hochbauzeichner-Lehrling, dessen Perspektiven an den Felswänden ob Andermatt endeten, ein Mann von Welt. Doch er realisierte früh, dass dieses Leben auch eine

Schatttenseite haben kann: «Man hat sich damit abzufinden, dass man als erfolgreicher Sportsmann auf viele Dinge Rücksicht nehmen muss. Und man ist in seiner Handlungsweise nicht mehr so frei wie früher.» Russi schien sich in seiner Haut nicht immer wohlzufühlen — wusste aber genau, was von ihm verlangt wurde: «Dass man überall erkannt wird, ist an sich sehr oft lästig. Aber was wäre, wenn kein Mensch von einem Notiz nehmen würde? Ich habe mich an die ganzen Umtriebe gewöhnt und gebe mir Mühe, alle Leute gleich zu behandeln und freundlich zu sein, sofern es die Situation erlaubt. Unmittelbar vor einem Rennen ist sicher nicht der Moment, um mit einem Skifanatiker ein Gespräch zu führen.»

Rückblickend haben Russis Worte aus den frühen 1970er-Jahren schon fast visionären Charakter: «Ich habe dank meinem Sport sehr viele Leute kennengelernt und Verbindungen knüpfen können. Das ist äusserst interessant und könnte mir vielleicht in einer fernen Zukunft auch einmal nützlich

sein. Vorläufig geniesse ich die Abwechslung, bin mir aber schon heute bewusst, dass ich dieses Nomadenleben später einmal aufgeben muss — wenn auch schweren Herzens.» In letztem Punkt lag Bernhard Russi falsch. Bis zum heutigen Tag ist er dem Skirennsport in unterschiedlichsten Funktionen erhalten geblieben. Auch als AHV-Bezieher ist seine Leidenschaft für den Sport ungebrochen.

Wertsteigerung: 1976 bemalt Bernhard Russi auf dem Zürcher Hechtplatz Ostereier. Bei der von Fernsehansagerin Dorothea Furrer moderierten Auktion erzielt sein «Kunstobjekt» den Höchstpreis: 255 Franken! Der Erlös geht an die Bergbauern.

Der jähe Sturz des Filmkomparsen.
Wie Bernhard Russi von James Bond abgehängt
wurde – und trotzdem im Windschatten des
Doppelnull-Agenten die Basis zu seinen
sportlichen Grosstaten legte.

IM DIENSTE IHRER MAJESTÄT

Mein Name ist Bond, James Bond.» In seinem sechsten Filmabenteuer («Im Geheimdienst Ihrer Majestät») kämpfte der britische Agent 1969 gegen den unheimlichen Bösewicht Ernst Stavro Blofeld. Der Leiter der Terrororganisation «S.P.E.C.T.R.E» wollte mithilfe von zehn durch Hypnose gefügig gemachten Gespielinnen die Welt mit einem Krankheitserreger und der Drohung, die Menschheit auszulöschen, unterjochen. Bond freilich stellte sich gegen das Böse: mit Charme, Schalk und der «Lizenz zum Töten». Es kam zum spektakulären Showdown in den Schweizer Alpen – mit einer wilden Verfolgungsjagd auf Skiern und dem Finale auf dem fiktiven Piz Gloria.

Die Schweizer Drehorte waren das Schilthorn, Lauterbrunnen, Mürren, Grindelwald, Bern und Andermatt. Und weil Hollywood-Schauspieler nur bedingt gebirgsfähig sind, mussten Stuntmänner mit skifahrerischen Qualitäten im Schnee das Kommando übernehmen. Als Double des australischen Hauptdarstellers George Lazenby, der die Bond-Rolle nur ein einziges Mal spielte, kam Ludwig Leitner, der zurückgetretene österreichische Kombinations-Weltmeister von 1964, zum Einsatz. Und auf der Suche nach geländetauglichen Komparsen wurden die Produzenten in Andermatt fündig. Dort arbeitete der damals 21-jährige Bernhard Russi als Hochbauzeichner. Die Skisaison hatte er mit zwei Siegen im Schweizer Schnee und zehn Ferientagen in den «Wintersportdestinationen» Damaskus und Beirut abgeschlossen. Da das Büroleben weniger packend war, versprach ihm der Anruf der Filmproduzenten eine angenehme Abwechslung: «Wir drehen in der Gegend einen James-Bond-Film und suchen noch ein paar gute Skifahrer», hiess es am anderen Ende der Leitung. Von seiner Neugier getrieben, musste Russi nicht lange überlegen. Neben der Aussicht auf ein paar Sekunden Leinwandpräsenz lockte ihn die neue Erfahrung im Filmbusiness mit angenehmen finanziellen Begleiterscheinungen. Die cineastische

Gerührt, nicht geschüttelt. Russi mit seiner ersten Ehefrau Michèle Rubli im geheimen Austausch mit Doppelnull-Agent Roger Moore.

61

James Bond als Plakatsujet im Bergrestaurant der Schilthornbergstation anlässlich des neuen Films «Im Geheimdienst ihrer Majestät». Der Australier George Lazenby spielte die Hauptrolle – es blieb für ihn bei diesem einen Mal.

GENICKBRUCH ALS STUNTMAN

1969 erlebt Bernhard Russi im James-Bond-Film «Im Geheimdienst Ihrer Majestät» seine schmerzhafte Film-Premiere. Nach einem Sturz über eine fünf Meter hohe Mauer scheint sogar seine Karriere in Gefahr. Doch der junge Urner kämpft sich zurück – und wir nur wenige Wochen später. in Val Gardena sensationell Abfahrtsweltmeister: Sein Name ist Russi – Bernhard Russi.

007

Frontarbeit wurde mit 150 Franken pro Tag vergütet. In der Lehre verdiente Russi damals 120 Franken – pro Monat.

Am 28. April stiess der Filmnovize zur Produktionscrew. In der Nähe von Realp wurde an der Furka-Passstrasse gedreht. Russis Rolle bestand darin, als einer von drei Verfolgern von James Bond mit einer Maschinenpistole in der Hand und Skier an den Füs-

«Mein Genick ist gebrochen.» Doch die Hausherrin sah keinen Handlungsbedarf. Sie teilte dem Verletzten mit: «Wir sind am Mittagessen – kommen Sie in zwei Stunden wieder.»

Die stechenden Schmerzen trieben Russi zu einer Brachialmassnahme: Mit einem kräftigen Skischuhtritt zertrümmerte er die Scheibe des Praxiseingangs. Nun wurde der Arzt doch aktiv. Aber er-

Mit einem kräftigen Skischuhtritt zertrümmerte Russi die Scheibe des Praxiseingangs. Nun wurde der Arzt aktiv.

sen an einer vier Meter hohen Schneemauer entlangzufahren. Die Szene wurde von einem Wagen aus gefilmt, der sich parallel zu den Skifahrern auf der Strasse bewegte. Russi fuhr auf einer erhöhten Schnee-Trasse. Sein orangenfarbener Anzug erinnerte auffällig an den Dress, in dem er drei Jahre später in Sapporo seinem grössten Sieg entgegenrasen sollte.

Im Film aber lief nicht alles nach Drehbuch. Russi war zu langsam und drohte von Bond abgeschüttelt zu werden. In dem Versuch, das Tempo zu steigern, blieb er mit dem Talski im matschigen Frühlingsschnee hängen. Russi verlor das Gleichgewicht und stürzte kopfvoran Richtung Asphalt. Da sein rechter Arm in der Schlaufe der Maschinenpistole steckte, konnte er seinen Fall kaum abfedern, sodass er mit voller Wucht auf der Strasse aufprallte. Als er die Orientierung wieder fand, war ihm die Tragweite des Sturzes schnell bewusst. Seine Gedanken gingen zu Bruder Manfred, der vier Wochen zuvor mit einem Rückenwirbelbruch im Schnee liegen geblieben war. Russi fürchtete um seine Karriere. Doch immerhin kam er ohne Hilfe wieder auf die Beine und konnte die medizinische Versorgung selbst organisieren. Als er bei der Arztpraxis klingelte, meldete sich die Gattin des Arztes über die Gegensprechanlage. Russi erklärte den Ernst der Lage:

freulicher machte es die Sache nicht. Die Diagnose liess wenig Raum für Missverständnisse: «Fraktur des siebten Halswirbels und Bruch der Handwurzel.» Bernhard Russi wurde ins Urner Kantonsspital in Altdorf überführt.

Das Malheur des Skitalents machte schnell die Runde. Eine Luzerner Tageszeitung malte den Teufel an die Wand und stellte in grossen Lettern die Frage: «Ende der Karriere von Bernhard Russi?»

Der Betroffene lächelte im Spitalbett die Bedenken weg. Doch die Rückkehr auf die Skipiste war lang und hart. Zwei Wochen musste Russi auf einem Brett in absoluter Ruhestellung verharren. Sein Arm wurde eingegipst, der Hals mit einem Korsett stabilisiert. Die Mediziner blieben mit ihren Prognosen zurückhaltend – zu viele Unsicherheiten waren mit dem Heilungsverlauf verbunden. Auch in Russi kamen Zweifel auf.

Doch der Sportler nahm das medizinische Ungemach als Herausforderung an. Sein neues Ziel: Mitglied der Nationalmannschaft zu werden. Die Basis dafür legte er mit Krafttraining – eisern, unerbittlich, mit einer Konsequenz, die für die damalige Zeit ein Novum war. Russi glaubte fest daran, dass er selbst mit Gipskorsett und bandagierter Hand Kondition und Kraft optimieren konnte. Doch er musste das Programm seinen Blessuren anpassen.

Beinarbeit, Übungen für Schnelligkeit und Beweglichkeit standen im Zentrum seines täglich rund zweistündigen Trainingspensums. Russi bewies dabei exemplarische Eigenverantwortung. Denn bei seinem körperlichen Wiederaufbau war er völlig auf sich allein gestellt. Der wichtigste Antrieb war sein grosser Realitätssinn: Würde er nicht vom ersten Moment an alles für eine perfekte Physis machen, wäre er bei der Rückkehr in den Schnee rettungslos im Rückstand. Aber Russi wollte sich nicht zu sehr unter Druck setzen. Die Weltmeisterschaft 1970 in Val Gardena hatte er innerlich abgehakt. Sein grosses Ziel waren die Winterspiele in Sapporo zwei Jahre später.

Rückblickend kann die physische Basisarbeit nach dem «James-Bond-Absturz» als mitentscheidend für Russis Grosserfolge zu Beginn der 1970er-Jahre gewertet werden. Schritt für Schritt kämpfte er sich in den Alltag als Profisportler zurück. Ende September 1969 stand er erstmals wieder auf Skiern. Allerdings wurde er von stechenden Schmerzen in der Hand behindert, sodass an einen Stockeinsatz nicht zu denken war. Doch der ehrgeizige Jüngling steckte nicht zurück. Von Dumeng Giovanoli, dem WM-Zweiten in der Kombination von 1968, und dessen Bündner Kollegen Jakob Tischhauser wurde er zum Privattraining ans Stilfser Joch eingeladen. Walter Tresch, Russis Wegbegleiter aus Uri, komplettierte die Trainingsgruppe. Die drei mieteten sich in einer Wohnung ein und pflegten auch den Teamgedanken. Im Windschatten seiner Kollegen fand Russi bald zu Tempo und Sicherheit zurück. Die hervorragende körperliche Verfassung verlieh ihm die nötige Stabilität.

Zwei Wochen später kehrte er aufs Stilfser Joch zurück – diesmal war die gesamte Mannschaft am Start. Die Trainer Georg Grünenfelder und Paul Berlinger liessen intensiv Slalom üben und konzentrierten sich auf alle Details – vor allem auf die optimale Starttechnik. Sie wollten sichergehen, dass ihre Fahrer ab dem ersten Meter das Optimum aus ihren Möglichkeiten schöpften. Bei strahlendem

Sonnenschein entstand eine optimistische und inspirierende Atmosphäre. Russi wurde schneller und schneller – und liess die Zweifel nach seinem cineastischen Ausrutscher schnell hinter sich.

Starke Leistungen in den Abfahrtstrainings in Thyon und Parpan verliehen ihm zusätzlichen Auftrieb. Und bald war er sich sicher: Ich bin wieder dabei! Die Gewissheit kam allerdings keinen Tag zu früh. Denn 1969 startete die Weltcup-Saison erstmals bereits im Dezember mit dem «Critérium de la Première Neige» auf der «Piste Oreiller-Killy» in Val-d`Isère. Russi beendete die Abfahrt mit dem 14. Rang. Es war kein spektakuläres Resultat – aber ein enorm wichtiges. Denn es gab Bernhard Russi die Gewissheit zurück, dass er wieder bereit war für grosse Taten: auf der Skipiste, und nicht auf der Kinoleinwand.

Konzentrierte und kritische Zeitungslektüre. Russi während einer Verletzungspause 1974. Der Artikel scheint ihm nicht zu gefallen.

Der zweite Urner. Walter Tresch gehört zu Russis engsten Weggefährten. In den 1970er-Jahren sieht er noch heute den Schlüssel zu späteren Schweizer Grosserfolgen.

DIE BEATLES AUS URI

Jetzt kommt das Schweizer Menü 1: Russi'sch Salat – mit Rösti – und einem Kaffi Träsch.» So lancierte der legendäre Radioreporter Sepp Renggli einst seine Übertragung von einem Weltcup-Riesenslalom. Tresch, heute wie Bernhard Russi 70 Jahre alt, kann noch immer darüber lachen – wie er sich auch sonst mit viel Freude an seine Karriere erinnert: «Wir erlebten in den 1970er-Jahren grossartige Zeiten.»

Wie Russi stammt Tresch aus dem Kanton Uri. Zwar stand er während seiner Laufbahn vielfach im Schatten seines Kollegen, trotzdem gehörte auch er zu den populärsten Sportlern des Landes. In Uri waren die Gewichte sogar gleichwertig verteilt: Tresch, geboren am 4. Mai in Bristen, vereinte die Fans aus dem Urner Unterland hinter sich. Russi, der Andermatter, war der König des Oberlands. Eine Neidsituation zwischen ihnen habe nie bestanden, meint Tresch: «Wir waren immer Freunde. Bernhard konzentrierte sich auf die Abfahrt, ich fuhr sämtliche Disziplinen.» Auf die immense Popularität von Russi angesprochen, sagt Tresch: «Natürlich wurde ich immer mit Bernhard verglichen. Aber ich wollte nie und würde auch heute nicht tauschen. Er liebte das Rampenlicht, ist dafür geboren und hatte immer den Ehrgeiz, das zu machen, was er damals machte und heute immer noch macht.»

Tresch gehörte zu den besten Kombinierern jener Tage. Er gewann in Sapporo in dieser (nicht olympischen) Disziplin die Silbermedaille und siegte in insgesamt vier Weltcuprennen – darunter in den Kombinationswertungen der Klassiker in Kitzbühel (1976) und Wengen (1977). 1974 beschrieb der Autor Ruedi Geisser in seinem Buch «Walter Tresch – vom Bergtal ins Rampenlicht» die Karriere des Skirennfahrers. Die 8000 gedruckten Exemplare waren innerhalb eines Monats vergriffen. Tresch hat noch «sieben bis acht» zu Hause. «Für meine Grosskinder», wie er lachend sagt.

Tresch und Russi sind nicht nur gleich alt. Auch ihre Karrieren verliefen praktisch parallel. 1968 gehörten sie in der Kaserne Andermatt zu den Absolventen der ersten Sportrekrutenschule der Schweizer Armee. Im Gegensatz zu heute in Magglingen,

Unter den stolzen Blicken von Wilhelm Tell werden die beiden Skirennfahrer Bernhard Russi und Walter Tresch nach ihrer Rückkehr aus Sapporo im Heimatort Andermatt gefeiert wie Popstars.

67

wo die Athleten im militärischen Umfeld von den besten Trainingsmöglichkeiten profitieren, stand damals beim ersten Sportzug die Landesverteidigung im Vordergrund. Tresch erinnert sich: «Um eine Woche trainieren zu können, mussten wir zweimal ein ganzes Wochenende zur sogenannten Sonntagswache antraben.» Tresch und Russi tat der Drill offenbar gut. Mit militärischem Schwung stiessen sie wenig später in die Ski-Nationalmannschaft vor.

Apropos Mannschaft: Früher sei der Teamgedanke wesentlich stärker gewichtet worden, sagt Tresch. Es sei nie infrage gekommen, dass ein Fahrer individuell unterwegs gewesen wäre: «Wir machten fast alles gemeinsam – weit über das Training hinaus. Am Abend sass man zusammen, jasste oder diskutierte miteinander.» Mit einem Teamkollegen verbanden Tresch und Russi jedoch zwiespältige Gefühle: Roland Collombin. «Wir waren die seriösen Sportler, Collombin war der Lebemann», erinnert sich Tresch – um gleichzeitig zu relativieren: «Dass Collombin vor den Rennen jeweils einen Ballon Weisswein getrunken habe, stimmt sicher nicht. Aber er ging die Sache lockerer an – und plötzlich gewann er ein Rennen nach dem anderen. Das gab uns schon zu denken.»

Als es in Sapporo zum grossen Showdown der beiden Schweizer Superstars kam, glänzte auch Tresch mit einer Topleistung. Als Sechster der Abfahrt fehlten ihm nur 79 Hundertstelsekunden aufs Podest. In der Kombination aus Abfahrt, Riesen-

Dezember 1972 in Val-d'Isère überreicht.» Tresch schüttelt den Kopf: «Etwas Grösseres als Olympische Spiele gibt es für einen Sportler nicht. Dass ich aber trotz Podest-Klassierung keine Medaille erhielt, war ein Wehmutstropfen.»

Heute lebt Tresch zusammen mit seiner Ehefrau Rita in Valbella. Wegen seiner langjährigen Freundschaft mit Heini Hemmi kaufte er hier 1987 ein Feriechalet. Nach seiner Pensionierung verlagerte er seinen Lebensmittelpunkt ins Bündnerland. Zu seiner Urner Heimat verbindet ihn jedoch noch immer eine enge Beziehung: «Ich bin ein eingefleischter Urner. In Uri habe ich viele Freunde, besuche die Familie meiner ältesten Tochter, die Grosskinder. Zusammen mit meinen Geschwistern besitze ich noch das Elternheim in Bristen.»

Mit seiner Heimat verbindet Tresch auch eines der intensivsten Erlebnisse seiner Sportlerkarriere – den Empfang in Altdorf im Februar 1972 nach der Rückkehr aus Sapporo. Das «Urner Wochenblatt» druckte eine Extraausgabe und auf dem Rathausplatz warteten Tausende von Menschen auf die Helden aus Japan. Tresch ist noch immer überwältigt: «Es friert mich heute noch, wenn ich daran denke. Es war eine gewaltige Euphorie im Schweizer Skisport allgemein, aber besonders in Uri. Das war unglaublich.»

Die Schweizer huldigten ihren Skifahrern, wie man es im Sport seit den Zeiten der Rad-Ikonen Ferdy Kübler und Hugo Koblet nicht mehr erlebt

»Wir waren draussen und rannten die Hügel rauf und runter. Das waren ganz andere Trainingsmethoden als heute.«

slalom und Slalom belegte er zwischen dem italienischen Ausnahmekönner Gustav Thöni und dem Kanadier Jim Hunter den zweiten Platz. Dennoch musste er ohne Medaille nach Hause reisen – weshalb, weiss er auch heute noch nicht: «Aus irgendeinem Grund wurden uns die Auszeichnungen erst im

hatte. Sie seien gefeiert worden wie Popstars, erzählt Tresch. Rein optisch bestanden durchaus gewisse Parallelen zu den Beatles: «Wir trugen die Haare im ähnlichen Stil wie die Musiker aus Liverpool.» Ihren Starstatus hatten sie auch den Medien zu verdanken, denkt Tresch: «Im Winter war sonst

Prost! Walter Tresch (links) und Bernhard Russi stossen in der Heimat auf die Sapporo-Erfolge an.

nichts los – keine Konzerte, keine anderen Sportveranstaltungen, kein grosses Freizeitangebot wie heute. Es gab praktisch nur den Skisport. Und alle schauten auf uns.» Dies habe auch die sportlichen Leistungen befeuert: «In dieser Zeit wurden die Erfolgsjahre des Schweizer Skirennsports eingeläutet», so Tresch, «wir legten den Grundstein für die Grosserfolge in den 1980er-Jahren.»

Den entscheidenden Impuls zum Popularitätsgewinn des Skisports hatte in den 1960er-Jahren der französische Sportjournalist Serge Lang gegeben – mit der Idee, die besten Skirennfahrer künftig im Weltcup gegeneinander antreten zu lassen. Mit Unterstützung der Teamchefs aus Frankreich (Honoré Bonnet) und den USA (Bob Beattie) sowie der Rückendeckung von FIS-Präsident Marc Hodler wurde der visionäre Gedanke umgesetzt. Die Feuertaufe erlebte der neue Wettbewerb am 5. Januar 1967 mit einem Männerslalom in Berchtesgaden und dem einzigen Weltcupsieg in der Karriere des Österreichers Heinrich Messner. Ein Tag später folgte der erste Riesenslalom (gewonnen vom Franzosen Georges Mauduit). Die Weltcup-Premiere in der Abfahrtsdisziplin fand am 14. Januar 1967 statt – mit dem Sieger Jean-Claude Killy.

Nicht nur der Weltcup befand sich in jener Zeit noch in den Anfängen. Auch trainings- und materialtechnisch wurden die entscheidenden Entwicklungsschritte erst eingeläutet. Walter Tresch erinnert sich: «Wir haben zu unseren Zeiten auch hart trainiert, aber anders. Im Kraftraum waren wir zweimal im Jahr, im Frühling in Magglingen zum Konditionstest und im Herbst zum Wertevergleich. Jedes Mal kamen wir mit einem riesigen Muskelkater zurück, weil wir es nicht gewohnt waren, so zu trainieren.» Das Konditionstraining habe zu ihrer Zeit vor allem in der freien Natur stattgefunden: «Wir waren draussen und rannten die Hügel rauf und runter. Es waren ganz andere Trainingsmethoden als heute.» Erst Ende der 1970er-Jahre seien Experten aufgetaucht und hätten die Anforderungen an die Athleten wissenschaftlich ausgewertet: «Plötzlich wurde uns gesagt, was den idealen Abfahrer und den idealen Slalomfahrer ausmacht.» Und damit seien auch neue Trainingsmethoden aufgekommen: «Plötzlich waren die Abfahrer in den 1980er-Jahren riesige Kästen», sagt Tresch lachend.

Weit weniger intensiv sei zu ihrer Zeit auch der Rennrhythmus gewesen: «Wir fuhren am Montag mit dem Zug nach Kitzbühel. Treffpunkt war in Sargans. Ab Dienstag wurde trainiert. Am Freitag war das Nonstop-Training, am Samstag und Sonntag wurden die Rennen gefahren. Anschliessend fand die Party statt.»

Spricht Tresch von Party, meint er auch Party: «In Kitzbühel waren diese Feste legendär. Punkt Mitternacht wurde der Sieger auf den Schultern

hektisch. Heute geht es um wesentlich mehr – und es wird völlig anders trainiert. Jeder Muskel wird ausgemessen und gestählt. Das kannten wir nicht. Wir waren topfit, aber anders.» Anders war auch der Finanzausgleich in Europa. Die Lohnausfallentschädigung, die an die Schweizer Skirennfahrer bezahlt wurde, betrug maximal 50 000 Franken – egal wie gross die Erfolge waren. Erst mit der Einführung der B-Lizenz 1976 eröffneten sich den Athleten neue Perspektiven.

Tresch machte davon keinen Gebrauch. Er wechselte stattdessen 1978 zu den Profis und fuhr Rennen in Nordamerika – zusammen mit anderen europäischen Grössen wie Hansi Hinterseer, Sepp Odermatt oder André Arnold. Die dort üblichen Parallelrennen sagten ihm zu – und die Aussicht auf finanziellen Erfolg ebenfalls: «Der Siegercheck von 4000 Dollar wurde auf dem Podest überreicht. Es war ein schönes Gefühl, dass ich mit Skifahren Geld verdienen konnte. Aber man musste gut fahren – sehr gut.» 1979 wurde Tresch bei den Profis hinter Arnold WM-Zweiter, insgesamt fuhr er 20 Mal aufs Podest. Die Stimmung damals in Nordamerika sei

Die Strahlkraft der Beatles aus Uri ist ungebrochen und der Geist von Sapporo lebt weiter.

in den grossen Saal des Hotels ‹Zur Tenne› getragen. Alle Fahrer waren anwesend. Es ging hoch zu und her», erzählt er. Wer dies erleben möchte, hat auch heute noch die Gelegenheit dazu. Das Hotel «Zur Tenne» bei der Katharinenkirche in Kitzbühel verspricht mehr als nur profanen Après-Ski: «Rauschende Feste – ob Fasching, Silvester oder eine der zahlreichen Sport- und Lifestyle-Veranstaltungen, hier kommt jeder auf seine Kosten», heisst es auf der Internetseite.

Für die Skirennfahrer beschränkte sich die Sause damals allerdings auf einen Abend. Am Montag fuhr der Zug zurück nach Sargans. Walter Tresch erzählt nicht ohne Wehmut: «Es war viel weniger

grossartig gewesen: «Bis zu 10 000 Zuschauer an den Rennen waren keine Seltenheit.»

Seither durchlief der Skisport eine revolutionäre Entwicklung. Vor allem Material und Pistenzubereitung seien mit den damaligen Verhältnissen nicht mehr zu vergleichen, sagt Tresch: «Dank der modernen Skier und den gut präparierten Pisten fahre ich mit 70 Jahren besser Ski als mit 25.» Der Urner denkt, dass er heute in den ersten 30 Sekunden eines Riesenslaloms schneller wäre als vor 40 Jahren.

Etwas aber hat sich nicht verändert – seine Freundschaft zu Bernhard Russi: «Wir sehen uns regelmässig und fahren Ski oder spielen Golf. Und Bernhard ist aktives Mitglied der Walter-Tresch-

Handgestrickt: Russi und Tresch mit zeitgemässer Kopfbedeckung am Lauberhorn-Rennen 1970.

Stiftung, die ich von meiner Heimatgemeinde Silenen geschenkt bekommen habe.» Jedes zweite Jahr veranstaltet Tresch zugunsten der Stiftung ein Golfturnier auf dem 9-Loch-Platz von Andermatt-Realp. Jeweils am Vortag findet der «Presidents Cup» von Bernhard Russi statt. Als Patron des «Presidents Cup» tritt Russi als Co-Gastgeber auf und stellt den Platz gratis zur Verfügung. Und wenn er und Walter Tresch rufen, kann niemand Nein sagen. Die Strahlkraft der Beatles aus Uri ist ungebrochen – und der Geist von Sapporo lebt, als sei der Februar 1972 erst gestern zu Ende gegangen. Mit anderen Worten: Russi'sch Salat – mit Rösti – und einem einen Kaffi Träsch.

Hinter den Erfolgen von Bernhard Russi
steckt auch viel Teamwork. Trainer Paul Berlinger
und Servicemann Hansjost Müller fanden die richtige
Mischung – nicht nur im Wachstopf.

10

DAS INNERSCHWEIZER DREAM-TEAM

Paul Berlinger war für Bernhard Russi weit mehr als ein Trainer: Der Nidwaldner aus Beckenried besass nicht nur den technischen Sachverstand, sondern beherrschte die Kunst der Personalführung ebenso wie die Fingerfertigkeit in der Materialwahl. Seine Beziehung zu Russi wuchs quasi natürlich. Die beiden fuhren auf Regionalstufe in der Innerschweiz Rennen gegeneinander – wobei der sechs Jahre ältere Berlinger damals von einem Erfahrungs- und Grössenvorteil profitieren konnte: «Es kam vor, dass ich Bernhard geschlagen habe», erzählt er. Doch die Freundschaft stand immer über dem Gefühl der Konkurrenz. Selbst an Rennwochenenden gewährte man dem Kollegen grosszügig Gastrecht: «Am Klewen-Derby fand am Samstag die Abfahrt und am Sonntag der Slalom statt. Die Nacht dazwischen verbrachte Bernhard jeweils bei uns zu Hause in Beckenried», erinnert sich Berlinger.

Nach dieser gemeinsamen Zeit trennten sich die sportlichen Wege der beiden Freunde vorerst. Während sich Russi schrittweise der Weltspitze näherte, reichte es bei Berlinger nicht für eine grosse Sportlerkarriere. Die Ausscheidungen für die Nationalmannschaft bedeuteten Endstation. So entschied er sich für den Trainerlehrgang unter Peter Baumgartner, Oberst der Gebirgsinfanterie und technischer Leiter des Skiverbandes. Es sollte ein weiser Entscheid gewesen sein. Denn in seiner neuen Funktion spielte Berlinger eine Pionierrolle: «Ich war 1967 der erste Trainer, der vom Verband im Vollpensum angestellt wurde. Zuvor hatten die Trainer nur im Winter zu 100 Prozent gearbeitet. Im Sommer wurden sie jeweils wochen- oder tagesweise hinzugezogen.» Tempi passati: Heute umfasst das Trainerteam von Swiss-Ski 100 Personen.

Es hatte ein sportliches Erdbeben gebraucht, um die bisherige Praxis der Ehrenamtlichkeit und

Bernhard Russi mit Paul Berlinger.

Programmänderung an der Ski-WM in St. Moritz 1974: Aufgrund des schlechten Wetters kann nicht trainiert werden. Roland Collombin (rechts) und Philippe Roux bringen ihre Skier zum Schweizer Wachs-Experten Paul Berlinger (links).

Teilzeitarbeit zu hinterfragen – die medaillenlosen Winterspiele 1964 in Innsbruck. Vor allem im Ski-verband ging man rigoros über die Bücher. Es schlug die Stunde von Adolf Ogi, der zuerst als Nachwuchs-chef, später als Direktor des Verbandes den Turn-around mit Bauernschläue, sportlichem Know-how und Wortgewalt orchestrierte. «Ich habe Dölf mei-nen Olympiasieg zu verdanken», ist Bernhard Russi noch heute überzeugt – und führt diesen Gedan-ken aus: «Bis dahin war noch keiner auf die Idee gekommen, japanischen Schnee in der Schweiz untersuchen zu lassen oder während der Fahrt zu den Wettkampfstätten ganz gezielt Ländlermusik

im Mannschaftsbus abzuspielen.» Ogi begnüge sich nicht mit 100 Prozent, er suche stets die letzten Re-serven, so Russi. Und mit dem späteren Bundesrat war auch Paul Berlinger im Spiel. Er hatte Ogi 1962 in der Grenadier-Rekrutenschule in Losone kennen- und schätzen gelernt: «Dölf gab entscheidende Impulse auf dem Weg der Professionalisierung im Schweizer Skisport», sagt Berlinger.

Für den grossen Durchbruch brauchte es aber auch eine Generation von aussergewöhnlichen Rennfahrern – allen voran Bernhard Russi. Es sei von Beginn an spürbar gewesen, dass sich Russi von der breiten Masse abhebt, berichtet Berlinger:

«Er war intelligent und seriös, besass einen ausgesprochenen Renninstinkt. Er wusste auch, wie und wann er dosieren musste. So machte er aus seinem Potenzial mehr als andere.»

Doch um im entscheidenden Moment die bestmöglichen Voraussetzungen vorzufinden, war 1970 in Val Gardena die Intuition von Berlinger gefordert. Der Trainer war es, der in der legendären Wachsabkratz-Aktion seinem Schützling den Weg zum Durchbruch ebnete – und er war es, der zwei Jahre später auch in Sapporo die entscheidenden Tipps für die richtige Mischung lieferte. Russis langjähriger Serviceman Hansjost Müller sagt: «Paul Berlinger hat mich in die Geheimnisse der richtigen Skipräparierung eingeweiht. Er wusste alles über die Kunst des Wachsens.»

Sowohl in Val Gardena wie auch in Sapporo musste Berlinger einiges über sich ergehen lassen: «Als ich nach den schlechten Zeiten der ersten Schweizer am Start in Gröden anordnete, das Wachs abzukratzen, kommentierten die Beobachter: ‹Der Berlinger spinnt.› Russi schaute mich zweifelnd an – und ich sagte ihm: ‹Schlechter kann's nicht werden.›» Dass man noch fast 50 Jahre später über diesen Vorgang spricht, bringt Berlinger zum Lächeln: «Damit hätten wir nicht gerechnet.»

Auch die Winterspiele in Sapporo 1972 waren filmreif. Doch Roland Collombin witterte damals Verschwörung: Le Röschtigraben! Im Training hatte Berlinger den Mitfavoriten aus dem Unterwallis versuchsweise mit einer anderen Wachsmischung als die Deutschschweizer Russi, Tresch und Sprecher auf die Strecke geschickt. Mit Erfolg: Collombin dominierte die Konkurrenz deutlich. Also verwendete Berlinger den Mix des Wallisers im Rennen für alle Schweizer. Das kam beim Romand nicht gut an: «Collombin warf mir noch lange vor, ich hätte die Deutschschweizer bevorzugt. Dabei zog ich nur die Konsequenzen aus den Trainingserfahrungen», erklärt Berlinger.

Obwohl er als Trainer der Neutralität verpflichtet war, seien sein Vertrauensverhältnis und die Beziehung zu Russi immer ausgeprägter gewesen als zu anderen Fahrern, sagt Berlinger: «Ich war meistens bei ihm im Starthaus. Die entscheidenden Tipps kann man dann nicht mehr geben. Aber man kann durch ein Klima des Vertrauens etwas Druck und Anspannung aus der Situation nehmen.» Für Russis dauerhaften Erfolg sieht Berlinger mehrere Gründe: Die Basis zur Popularität hätten sicherlich seine «grossartigen Leistungen» im Wettkampf gegeben. Aber auch das Verhalten ausserhalb der

Roland Collombin witterte an den Winterspielen in Sapporo Verschwörung: Le Röschtigraben!

Die Intervention im Starthaus beflügelte selbst die Fantasien der Werbeagenturen – so wurde sie beispielsweise 2012 zum Inhalt eines Werbespots für die UBS. Unter der Leitung des deutschen Star-Regisseurs Wim Wenders wurde die Szene am Originalschauplatz mit Russi und Berlinger nachgespielt: «Das war ein wunderbares Erlebnis», erinnert sich Berlinger, «noch heute staune ich über den Aufwand, den das deutsche Filmteam für die kurze Sequenz auf sich genommen hat.»

Piste sei prägend gewesen: «Durch seine Offenheit, Eloquenz und Sprachkenntnisse war Bernhard für alle Menschen zugänglich. Welcher Fahrer im Weltcup sprach damals schon fliessend Französisch, Italienisch, Englisch und Deutsch?»

Paul Berlinger erinnert sich mit Vergnügen an diese Zeiten. Es waren die Zeiten, als der Skisport in der Schweiz enormen Stellenwert besass, als die Erfolge der Schneesportler den Puls der Nation bestimmten, als die Medien die frohe Kunde erstmals in Echtzeit und farbigen Bildern bis in die hintersten Täler des Landes hinaustrugen.

Es waren aber auch die Zeiten, als oft schon im Skiraum die Würfel fielen – wenn über die Zusammensetzung des Wachses entschieden wurde. Quasi das Monopol in dieser Angelegenheit besass der legendäre Toko-Vertreter Kaspar Fahner vom Hasliberg. Seine Anweisungen an die Betreuer galten gemeinhin als oberstes Gebot. Doch Berlinger war mit dieser Situation nicht zufrieden: «Wenn Fahner allen das Gleiche sagte, verwendeten alle die gleiche Mischung. Einen Vorteil konnte man so nicht herausschlagen.» Also nahm Berlinger die Sache selber in die Hand – und begann eigenhändig zu testen: «Mit der richtigen Wachsmischung konnte man auf einer Fahrzeit von 30 Sekunden gut und gerne eine Sekunde gewinnen», erzählt er.

Bis weit in die 1960er-Jahre hatten sich die Skirennfahrer selbst um die Präparierung der Skier gekümmert. Mit der Einführung des Weltcups intensivierten und professionalisierten die grossen Skifirmen ihre Bemühungen in diesem Bereich.

Als Angestellter der damals dominierenden Skimarke war Müller nicht nur für einen Athleten zuständig. Er kümmerte sich auch um das Material Roland Collombins sowie der Brüder Jean-Daniel und Michel Dätwyler. Und als 1969 Bernhard Russi im Skizirkus auftauchte, war der junge Urner ebenso ein «Fall für Müller». Der Servicemann erkannte in seinem neuen Kunden sofort ein herausragendes Potenzial: «Ich ahnte schon vor den ersten Erfolgen, dass Bernhard einmal ein ganz Grosser werden wird. Seine Einstellung und sein Talent hoben ihn von den anderen ab», erinnert sich Müller.

Von der Zusammenarbeit mit Russi schwärmt er: «Im Training probierten wir jeweils verschieden präparierte Skier aus – und entschieden uns dann für das beste Material.» Dies habe vor allem deshalb hervorragend funktioniert, weil Russi die perfekte Rückmeldung geliefert habe: «Er konnte genau sagen, ob der Ski zieht oder nicht», erklärt Müller und vergleicht Russi mit einem Formel-1-Fahrer, dessen Informationen ebenso entscheidend für die richtige Abstimmung des Wagens seien. Bei ande-

Weil Sapporo nahe am Meer liegt, ist der Schnee salzhaltiger. Ohne sorgfältiges Abtrocknen habe sich sofort Rost an den Kanten gebildet.

An den Olympischen Spielen in Grenoble erhielt Dumeng Giovanoli aus dem Hause Rossignol erstmals die Unterstützung eines Servicemannes – des damals 23-jährigen gelernten Möbelschreiners Hansjost Müller. Über ein Inserat des Rossignol-Vertreters Gaston Haldemann, der zur Produktion eines eigenen Modells einen Handwerker suchte, kam Müller eher zufällig zu seinem Job. Seine Referenz war die eigene Pistenerfahrung: «Als ehemaliger Regionalfahrer wusste ich, dass Kante und Belag beim Skipräparieren entscheidend sind – und nicht die Oberfläche», beschreibt er seine Vorkenntnisse.

ren Fahrern seien die Einschätzungen weit weniger präzise gewesen: «Collombin sagte beispielsweise: ‹Ski gut, aber ich schlecht.› Damit ist wenig anzufangen», erinnert sich Müller lachend.

Was damals als normal angesehen wurde, nämlich dass ein Servicemann für mehrere Spitzenfahrer zuständig ist, wäre heute undenkbar. Zur Bevorteilung eines einzelnen Athleten sei es dabei nicht gekommen, versichert Müller: «Wir waren ein super Team. Ich habe die Arbeit für alle gleich gemacht.»

Um die richtige Wachsmischung ranken sich seit jeher Mythen und Legenden. Das sagenumwobene

Wunderwachs habe es aber nicht gegeben, sagt Müller – weder in Sapporo noch 15 Jahre später in Crans-Montana. Dass die Schweizer in Japan gleichwohl einen mitentscheidenden Materialvorteil besassen, sei auf die akribische Vorbereitung zurückzuführen gewesen, erklärt Müller: «Wir haben mehr gemacht als die Konkurrenz.»

Der Unterschied zwischen japanischem und europäischem Schnee sei auf die geografische Lage zurückzuführen: «Weil Sapporo nahe am Meer liegt, ist der Schnee salzhaltiger und deshalb auch feuchter», so Müller. Habe man die Skier nach dem Einsatz nicht sorgfältig abgetrocknet, habe sich sofort Rost an den Kanten gebildet.

Im Hinblick auf die optimale Skipräparierung sei damals viel getüftelt und experimentiert worden. Als wichtigen Durchbruch bezeichnet Müller die Vorbereitung des Belags vor dem Auftragen des Wachses: «In den Anfängen pinselten wir das Wachs in mehreren Schichten auf den trockenen Belag auf. Im Verlauf der Zeit setzte sich die Erkenntnis durch, dass der Ski schneller wird, wenn der Belag zuerst mit dem Bügeleisen behandelt und feucht gemacht wird.»

Entscheidend für die Erfolge sei immer die Kommunikation zwischen Betreuern, Athleten und Serviceleuten, sagt Müller. Das Paradebeispiel lieferte Val Gardena 1970. Als Trainer Georges Grünenfelder bei den Kamelbuckeln realisiert habe, dass die Schweizer zwar gut und stilsicher fahren, aber viel Zeit verlieren, habe das grosse Rätseln begonnen. Die Übersicht behielt Paul Berlinger im Starthaus: «Verwachst!», stellte er bestürzt fest. Was dann passierte, dient noch heute der Legendenbildung. Es war ein Schock für die Wachsindustrie, aber das Startsignal zur Erfolgsstory von Bernhard Russi.

Skiturnen für die Radiohörer: Russi tanzt sich zu «La Paloma» und «Moscow Dancers» warm.

Schweiz – Österreich: die schönste Fehde im Skisport. Bernhard Russi tritt gegen die grössten Stars unserer Nachbarn an: Karl Schranz und Franz Klammer.

DER KAMPF MIT DEN LIEBLINGSFEINDEN

Das Verhältnis zwischen der Schweiz und Österreich ist historisch belastet. Die alten Eidgenossen schenkten den Habsburgern keinen Meter und machten in Morgarten und Sempach kurzen Prozess. Wilhelm Tell traf Gessler mitten ins Herz, Francine Jordi enterte den Grand Prix der Volksmusik, und Lindt und Sprüngli produziert die besten Mozartkugeln weit und breit.

Doch in der Neuzeit ist eine Entspannung spürbar. 700 Jahre nach Winkelried brachte der Sport die Lieblingsfeinde zusammen: Die Organisation der Fussball-WM 2008 machte Schweizer und Österreicher zu Freunden. Der erfolgreichste Schweizer Sporttrainer seit dem Rütlischwur (1291) ist ein Österreicher (Karl Frehsner). In Wien waren es zwei Schweizer, die den österreichischen Nachbarn im Fussball (Marcel Koller) und im Eishockey (Roger Bader) wieder auf die Beine halfen. Und zum transalpinen Kulturaustausch lassen die Schweizer sogar Hansi Hinterseer im Radio singen.

Was bleibt, ist die epochale Konkurrenz auf den Skipisten dieser Welt. Sie stellt selbst die Verdienste von Roger Federer und Wolfgang Amadeus Mozart in den Schatten.

Wann die schneesportliche Fehde begann, ist nicht überliefert. Das Zeitfenster lässt sich jedoch kulturgeschichtlich eingrenzen: zwischen dem Ableben von Ötzi (ca. 3300 v. Chr.) und der Geburt von Lara Gut (27. April 1991).

Bernhard Russi und seine Schweizer Kollegen befanden sich während der Olympischen Spiele 1972 in Sapporo sozusagen im Auge des Sturms. Der Mann, der auf die Goldmedaille abonniert war, stammte aus St. Anton am Arlberg und war der schnellste Skifahrer seiner Zeit: Karl Schranz. Er gewann je zweimal den Gesamtweltcup und den Abfahrtsweltcup, triumphierte zweimal in der Abfahrt von Kitzbühel und dreimal in Wengen. Noch heute sagt er: «Ich liebe Wengen, ich liebe das Lauberhorn – und komme, wenn immer möglich, jedes

Die österreichischen Skirennläufer Franz Klammer und Karl Schranz 1974 in Val-d'Isère.

Der Stein des Anstosses:
Wegen diesem Auftritt in
einem Werbeshirt wird
Schranz von den Winterspielen
1972 ausgeschlossen.

Jahr hierher zurück.» Wie viele der Topfahrer jener Zeit war Karl Schranz ein ausgesprochener Allrounder. Von seinen drei WM-Titeln gewann er je einen in der Abfahrt, im Riesenslalom und in der Kombination. Die einzige Olympia-Medaille – Silber 1964 in Innsbruck – holte er im Riesenslalom.

Doch die Olympischen Spiele sind für Schranz, was für den Komponisten Franz Schubert die Sinfonie in h-Moll war: unvollendet. Im Zeichen der fünf Ringe klebte dem Tiroler das Pech an den Füssen. Am letzten Tag der Winterspiele 1968 in Grenoble griff Schranz im Slalom nach Gold. Doch im zweiten Lauf verirrte sich im dichten Nebel ein Pisten-

spiel in einem Trikot mit dem Aufdruck der Kaffee-Marke «Aroma-Kaffee» zeigte und nahm dies zum Anlass, Schranz just am Tag vor dem wichtigsten Rennen der Karriere aus dem olympischen Dorf zu verbannen. Der Skifahrer habe gegen Regel 26 der olympischen Charta verstossen, die es den Sportlern verbietet, direkt oder indirekt ihren Namen, ihr Foto oder ihre sportlichen Erfolge zu Werbezwecken zu benutzen. Karl Schranz schüttelt auch 46 Jahre später noch den Kopf darüber: «Das war eine Gemeinheit.» Dass der Tiroler danach in Wien von 100 000 Fans als Märtyrer gefeiert wurde und 16 Jahre später vom damaligen IOC-Präsidenten Juan Antonio

«Ich wurde beschissen. Jedes Mal, wenn ich Killy sehe, frage ich ihn: ‹Wie geht's meiner Goldmedaille?›»

arbeiter auf die Strecke und zwang den Österreicher zum Abbruch der Fahrt. In der Wiederholung stellte Schranz die Bestzeit auf und jubelte schon über den Sieg. Doch die Jury hatte dafür kein Verständnis. Sie beanstandete, dass Schranz bereits vor dem Intermezzo mit dem Pistenarbeiter einen Torfehler begangen habe und erklärte die Laufwiederholung als nichtig. Dass Schranz den Torfehler mit der Störung durch einen übermotivierten Helfer erklärte, fand kein Gehör. Die Jury strich den Favoriten mit 3:2 Stimmen aus der Wertung und erklärte den Franzosen Jean-Claude Killy zum Olympiasieger. Noch heute sagt Schranz: «Ich wurde beschissen. Jedes Mal, wenn ich Killy sehe, frage ich ihn: ‹Wie geht's meiner Goldmedaille?›»

Gold schien für Schranz auch vier Jahre später in Sapporo bereitzuliegen. Im Vorfeld der Spiele hatte er zwei Abfahrten in Kitzbühel gewonnen. Doch der damalige IOC-Präsident, der Amerikaner Avery Brundage, statuierte ein Exempel im Sinne der olympischen Reinheit. Er war auf ein Foto gestossen, das Karl Schranz bei einem Plausch-Fussball-

Samaranch, der am Ursprung der Kommerzialisierung der Olympischen Spiele gestanden hatte, mit einer Ehrenmedaille ausgezeichnet wurde, lindert die Enttäuschung nur unwesentlich: «Den Olympiasieg kann mir das nicht ersetzen», sagt Schranz.

Wesentlich bessere Erinnerungen verbindet der Tiroler mit Bernhard Russi: «Wir waren echte Sportkameraden.» Den Schweizer habe er das erste Mal in den 1960er-Jahren in Wengen zur Kenntnis genommen: «Der Slalom war im Gange und ich war mit dem Skilift auf dem Weg nach oben. Da hörte ich den Speaker den Namen Russi rufen – der Schweizer war mit hoher Startnummer gut unterwegs.» Schranz war vor allem von Russis «Akribie und Detailarbeit» beeindruckt. «Bernhard hat alles für den Erfolg gemacht und immer sehr strukturiert gehandelt.» Die Arbeit des Schweizers als Pistenbauer beurteilt der heutige Hotelbesitzer allerdings nicht ohne Kritik: «Über die Sprünge, die er einbaut, freue ich mich nicht sonderlich.» Schranz spricht über viele der modernen Abfahrtspisten als «Springer-Tournee».

Karl Schranz am 8. Februar 1972 auf dem Balkon des Bundeskanzleramtes. Nach seinem Ausschluss von den Olympischen Winterspielen wird er bei seiner Rückkehr in Wien von einer riesigen Menschenmenge wie ein Märtyrer gefeiert.

Dass Schranz mit seinem olympischen Ausschluss von 1972 den Weg für umfassende Reformen geebnet hat, muss im Rückblick als Zynismus des Schicksals gewertet werden. Denn anders als Russi, der in den letzten Jahren seiner Karriere von der sogenannten B-Lizenz profitieren konnte, trat Schranz nach den Winterspielen 1972 schwer enttäuscht zurück. Der Mann, der indirekt die Professionalisierung im Skisport eingeleitet hatte, konnte als Aktivsportler von den neuen Möglichkeiten nicht mehr profitieren. Seinen Aufstieg zum österreichischen Volkshelden konnte aber nicht einmal Moralapostel Brundages verhindern. Rückblickend sagt Karl Schranz: «Was damals geschah, ist heute nicht mehr nachvollziehbar.» Aus der Stimme des bald 80-Jährigen ist noch immer ein grosses Mass an Bitterkeit zu hören.

Mit dem Rücktritt von Schranz wurde der Platz für einen anderen österreichischen Ausnahmesportler frei: Franz Klammer. Der damals 19-jährige Kärntner aus Mooswald sollte den Abfahrtssport in den folgenden Jahren dominieren wie bis heute kein anderer. Klammer, wie Russi in einfachen Verhältnissen aufgewachsen, gewann fünfmal den Disziplinen-Weltcup und ist mit 25 Abfahrtssiegen der grosse Herausforderer von Klammer. Bernhard Russi startete mit der Nummer 3, Klammer mit der 15. Der ganze Druck lastete auf dem Österreicher. Denn nach der Enttäuschung von Sapporo war für die Alpenrepublik nur Gold gut genug. «Wenn alles angerichtet ist und alles passt, zählt nur der Sieg», erinnert sich Klammer an die damalige Ausgangslage. Kurz vor dem Rennstart begegnete er Russi auf dem Startgelände. Der Schweizer sagte: «Franz, ich wünsche dir viel Glück. Der Bessere soll gewinnen.»

Das Rennen am Patscherkofel wurde zu einem geschichtsträchtigen Duell – und zu einer materialtechnischen Gewissensfrage. Ausrüster Fischer wollte, dass Klammer mit dem neuen «Loch-Ski» fährt. Doch der Favorit verzichtete auf Experimente und entschied sich für das herkömmliche Modell: «Du musst dem Gerät, das du an den Füssen trägst, hundertprozentig vertrauen. In einem entscheidenden Rennen etwas Neues auszuprobieren, wäre leichtsinnig.» Doch der Grat blieb schmal. Klammer erlebte, wie Russi eine äusserst starke Leistung auf die Piste setzte und die Konkurrenten deutlich hinter sich liess. Erst der Italiener Herbert Plank konnte den Rückstand – mit 53 Hundertstelsekunden – halbwegs im Rahmen halten.

Am Bäreneck gelang Klammer das, was er noch heute «die beste Kurve meines Lebens» nennt. «Ich fuhr gegen den Berg – nicht gegen Bernhard Russi.»

im Weltcup der bis heute erfolgreichste Rennfahrer in dieser Disziplin geblieben. Bei der Weltmeisterschaft 1973 in St. Moritz musste er sich in seiner Paradedisziplin seinem Mannschaftskollegen David Zwilling gegenüber geschlagen geben. Bernhard Russi kam – quasi als Sinnbild für die Schweizer Niederlage – an der Heim-WM nicht über einen 13. Platz hinaus.

Drei Jahre später war Russi zurück auf seinem Topniveau – und bei den Winterspielen in Innsbruck

Die Leistung Planks gab Klammer die Gewissheit, dass er Russi schlagen kann. Der Österreicher setzte alles auf eine Karte: «Ich wollte mir nie vorwerfen müssen, nicht alles für den Sieg getan zu haben. Deshalb fuhr ich von Beginn weg am Limit. Wäre ich gestürzt, hätte ich immerhin die Gewissheit gehabt, alles riskiert zu haben.» 60 000 Zuschauer warteten am Streckenrand gebannt auf ihren Favoriten – und hielten den Atem an, als Klammer beim Ochsenschlag-Sprung einen schweren Fehler beging. Gold schien weit weg. Doch Klammer steckte nicht zurück. Am Bäreneck gelang ihm das, was er noch heute «die beste Kurve meines Lebens» nennt. «Ich fuhr gegen den Berg – nicht gegen Bernhard Russi», beschreibt er seine Strategie. Im Ziel lag Klammer 0,33 Sekunden vor Russi. «Der Patscherkofel hat mein Leben verändert», sagt er mit 42 Jahren Abstand. Seine Siegesfahrt habe er auf Video sicher schon 1000-mal gesehen, so Klammer lachend. Ein

auch als schwere Enttäuschung wahrnehmen können. Schliesslich hatte er selber den Triumph in Griffnähe und hätte als erster Skifahrer den Olympiatitel erfolgreich verteidigen können. Dass er mir dann so aufrichtig gratuliert, braucht grosse menschliche Klasse.»

Es war der Höhepunkt einer sportlichen «Beziehung», die 1970 begonnen hatte, ohne dass Bernhard Russi es bemerkt hätte. Der Urner stand da-

Beeindruckt war Klammer von der Reaktion Russis: Im Zielraum war er sein erster Gratulant.

Scheitern hätte er sich nicht verziehen: «Ich war 1975 und 1976 der dominierende Abfahrer. Hätte ich in Innsbruck nicht gewonnen, wäre dies eine furchtbare Enttäuschung gewesen.»

Beeindruckt war Klammer von der Reaktion Russis: «Im Zielraum war er mein erster Gratulant. Eine solch ehrliche und herzliche Reaktion von einem Konkurrenten habe ich vorher und nachher nie mehr erlebt – dabei hätte Russi meinen Sieg

mals bei der Weltmeisterschaft in Val Gardena im Einsatz. Franz Klammer, der 16-jährige Nachwuchsfahrer, beobachtete das Rennen ehrfürchtig am Streckenrand – und geriet nach Russis Siegesfahrt in einen emotionalen Zwiespalt: «Als Österreicher ärgerte ich mich natürlich, dass Russi unseren Karl Cordin von der Spitze verdrängte. Gleichzeitig war ich von der Eleganz und der Technik des Schweizers schwer beeindruckt.» Zu einer persönlichen Begegnung kam es damals aber noch nicht: «Ich hätte nie gewagt, mit Bernhard Russi zu sprechen.»

Zwei Jahre später betrat Klammer an gleicher Stelle das Weltcup-Parkett. Nach dem Sieg in der Europacup-Abfahrt in Bad Kleinkirchheim wurde er im März 1972 für den abschliessenden Weltcup-Riesenslalom in Val Gardena nominiert – und befand sich unvermittelt auf einer Stufe mit Bernhard Russi. Klammer erinnert sich: «Ich dachte, wow, jetzt kann ich gegen die Weltbesten antreten.» Im Verlauf der Jahre habe sich eine Freundschaft zwischen ihm und Russi entwickelt. In die Quere gekommen seien sie sich eigentlich nie: «Wir haben uns gut ergänzt», sagt Klammer lachend, «Bernhard war der Elegante, ich der Wilde.»

Klammer stuft Russi als einen der «grössten Skirennfahrer der Geschichte» ein – und als «Top-Aushängeschild». Durch seine unverminderte Präsenz im Skisport auch nach dem Rücktritt als Rennfahrer

Franz Klammer 1976 in Innsbruck

habe er dem Sport sehr viel gegeben. Dass Bernhard Russi in Sapporo auch von der Disqualifikation von Karl Schranz profitiert habe, will Klammer so nicht stehen lassen: «Es geht im Sport darum, im richtigen Moment am richtigen Ort zu sein. Ob eine Teilnahme von Karl Schranz den Rennverlauf in Sapporo geändert hätte, wird man nie wissen.»

Auf die österreichisch-schweizerische Rivalität angesprochen, meint Franz Klammer: «Das ist vor allem ein Thema der Medien. Als Fahrer erlebt man das anders. Wir selbst haben über die Mannschafts- und Nationengrenzen hinaus Erfahrungen und Ratschläge weitergegeben. Österreicher und Schweizer stehen sich nahe. Wir sitzen im gleichen Boot.» Trotzdem schaffte Franz Klammer etwas, das Bernhard Russi immer verwehrt bleiben wird: Er wurde von der heimischen Presse zum Abfahrts-Kaiser ernannt. In der Schweiz kann ein Skifahrer diese Würde nie erreichen. Geadelt werden dort nur die Schwinger-Könige.

 Franz Klammer (Gold) und Bernhard Russi (Silber) 1976 bei den Olympischen Winterspielen in Innsbruck.

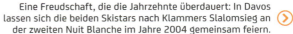 Eine Freudschaft, die die Jahrzehnte überdauert: In Davos lassen sich die beiden Skistars nach Klammers Slalomsieg an der zweiten Nuit Blanche im Jahre 2004 gemeinsam feiern.

«Die Rivalität ist vor allem ein Thema der Medien. Als Fahrer erlebt man das anders: Österreicher und Schweizer sitzen im gleichen Boot.»

Franz Klammer

Skifreunde. Der Engadiner Dumeng Giovanoli gehörte zu den ersten Wegbereitern von Bernhard Russi.

12

GUTE RATSCHLÄGE UND EINE FREMDE HOCHZEITSREISE

Als der Name Bernhard Russi Ende der 1960er-Jahre erst einem überschaubaren Kreis von Fachleuten bekannt war, zählte der Engadiner Dumeng Giovanoli zu den etablierten Technikern des Landes. Er gewann in seiner Laufbahn fünf Weltcuprennen sowie zwei WM-Medaillen – Silber in der Kombination 1968 in Grenoble sowie Bronze im Riesenslalom 1970 in Gröden. Nach seiner Karriere führte er in seinem Heimatdorf Sils Maria das Hotel «Privata».

Sieben Jahre älter als Russi, war Giovanoli für den aufstrebenden Urner Orientierungshilfe und Wegbereiter zugleich. Regelmässig kam es vor, dass die beiden zusammen trainierten und auch jenseits der Piste viel Zeit miteinander verbrachten. Teilweise übernachteten die Gefährten im Chalet von Giovanolis Tante in Sils Maria.

Dumeng Giovanoli erinnert sich mit Freude an den jungen Russi: «Er gehörte – wie auch Walter Tresch – zu jenen Nachwuchsfahrern, die uns Älte-

ren mit viel Respekt begegneten und bereit waren, Ratschläge anzunehmen. Berni hörte stets aufmerksam zu, wenn man ihm etwas sagte.» Nicht mit allen Teamkollegen sei der Umgang derart angenehm gewesen. Es gebe Spitzensportler, die auch jenseits des Wettkampfes um jeden Vorteil ringen und permanent die Ellbogen ausfahren. Russi aber sei im privaten Umgang so gewesen, wie er sich in der Öffentlichkeit präsentierte: anständig, bescheiden, freundlich. «Er war und ist ein Gentleman», so Giovanoli.

Selber hatte Giovanoli in seiner Jugend nicht immer von kooperativen Vorbildern profitieren können: «Ich schaute während der Anfänge in meiner Karriere zu Roger Staub auf. Doch wenn ich ihm nachfuhr und seine Technik kopieren wollte, ging er in den Spagat oder machte andere Faxen. Er wollte uns offensichtlich nicht in sein Geheimnis einweihen.» Der Engandiner dagegen gab der jungen Garde sein Wissen weiter – und erntete dafür grosse

Der Mann am Funk: Dumeng Giovanoli veranstaltet nach seinem Rücktritt unter anderem die Nachwuchsrennen um den «Ovo Grand Prix».

KAPITEL 12

Dankbarkeit: «Russi hat in den Interviews immer wieder erwähnt, dass er diese Unterstützung sehr geschätzt habe. Das freute mich ausserordentlich.»

Russis Weltmeistertitel 1970 erlebte Giovanoli aus der Ferne: «Die Abfahrt fand am letzten Tag der Weltmeisterschaft statt. Da ich im Training mein bereits angeschlagenes Knie verletzt hatte, reiste ich

sachlich und konnte seine Emotionen kanalisieren.»

Russis Qualitäten lassen sich für Giovanoli am besten im Vergleich mit Roland Collombin beschreiben: «Collombin fuhr immer am Limit. Beging er einen Fehler, hat er noch mehr zugesetzt und erhöhte das Risiko zusätzlich. Russi dagegen war ein Stilist und überlegter Stratege. Er liess sich durch

»Du spürst keinen Schmerz. Dein Zahn ist unempfindlich.« suggerierte der Mentaltrainer seine Patienten. Wer daran glaubte, hielt die Operation bestens durch.

vorzeitig ins Engadin zurück.» Nach Saisonschluss kreuzten sich die Wege der beiden Skifahrer jedoch wieder. Auf Einladung des Schuhproduzenten Lange reisten Russi und Giovanoli zum Firmenhauptsitz in Mammoth Mountain in Kalifornien. Ebenfalls dabei: Mit-Abfahrer Jean-Daniel Dätwyler und dessen Gattin Anneliese sowie Giovanolis soeben angetraute Ehefrau Ursula: «Der Betriebsausflug war auch unsere Hochzeitsreise», erzählt Giovanoli lachend. Vom amerikanischen Festland ging's später weiter nach Hawaii: «Ein derartiger Trip mit Teamkollegen wäre heute kaum mehr denkbar — und eine Reise nach Hawaii war damals ein grosses Abenteuer.» Der Ausflug in die Südsee lohnte sich, er war in jeder Beziehung von hoher Nachhaltigkeit. Für Russi begann damit die Reise auf den Olymp, Giovanoli ist auch 48 Jahre später mit Ursula noch glücklich verheiratet. Das Paar schenkte vier Kindern das Leben.

Spricht Dumeng Giovanoli über Bernhard Russi, sind Respekt und Anerkennung praktisch in jedem Wort hörbar. Besonders beeindruckt hatte den Bündner, wie akribisch und kontrolliert Russi seine Karriere vorwärtstrieb: «Es gibt junge Talente, die geben Gas bis zum Gehtnichtmehr — und stürzen ab. Berni dagegen kannte seine Grenzen immer ganz genau und ging mit einem konkreten Plan vor. Er antizipierte, beurteilte die Ausgangslage stets sehr

nichts irritieren und hielt an seiner Taktik fest.» Dies sei auch jenseits der Piste so gewesen: «Nach einem Rennen ging Collombin nach Hause und war der Copain. Er wartete quasi, bis der nächste Tag begann. Berni dagegen ging nach Hause und machte Gymnastik.» Bereits früh habe Russi seinen Tagesablauf ganz dem Sport untergeordnet.

Als «herausragend» bezeichnet Giovanoli die Offenheit Russis gegenüber neuen Einflüssen und Ratschlägen von aussen: «Berni hörte erst einmal zu — und entschied dann für sich, ob er daraus Nutzen ziehen konnte.» Bis 1968 hätten die Fahrer beispielsweise ihre Skier noch selber präpariert. Dann kamen die ersten Serviceleute: «Unser Mann war Hansjost Müller — er war ein wichtiges Element in Bernis Erfolgsgeschichte.»

Giovanoli nennt noch ein anderes Beispiel: «Um 1970 tauchte ein gewisser Doktor Raymond Abrezol im Ski-Weltcup auf — er war zwei Meter gross und trug meistens Moonboots. Von Beruf war er ursprünglich Zahnarzt, bot sich aber als Mentaltrainer an.» Abrezol habe ohne Narkose operiert und den Patienten suggeriert: «‹Du spürst keinen Schmerz. Dein Zahn ist unempfindlich.› Wer daran glaubte, hielt die Operation bestens durch.» Auch den Skifahrern habe Abrezol mit Zusprechen auf die Sprünge helfen wollen. Giovanoli erinnert sich mit einem Lachen: «Er sagte mir: ‹Du kannst gewinnen. Ich bin bei dir.› Ich aber erwiderte: ‹Jetzt bist du noch bei mir. Aber im Steilhang bin ich alleine.›»

Russi hörte dem Mentaltrainer interessiert zu. Er realisierte, dass das innere Gleichgewicht in direktem Zusammenhang mit der Leistung auf der Piste stand. Und wenn es einen Tipp gab, der ihn eine Hundertstelsekunde schneller machen konnte, nahm er ihn dankbar an.

Dies habe ihm sicher auch in seiner zweiten Karriere geholfen, denkt Giovanoli: «Berni fühlte sich nie zu wichtig, um auf andere zu hören.» Und er habe sich früh für die Abläufe hinter den Kulissen interessiert. Als Athletenvertreter engagierte sich Russi im 1969 gegründeten Skipool, der einflussreichen Vereinigung von Ausrüstern und Sponsoren. Ein weiterer Grund für Russis Erfolgsstory sieht Giovanoli in der Eloquenz und Vielsprachigkeit seines Kollegen: «Bernhard konnte sich in vielen Sprachen unterhalten. Das machte ihn zu einem populären Interviewpartner und öffnete ihm manche Tür.»

Bei den regelmässigen Treffen der ehemaligen Skihelden führt die Nachhaltigkeit von Russis Popularität allerdings oft zu Verspätungen. Giovanoli erzählt: «Wenn wir alle schon beim Apéro sind, fehlt Berni meistens noch. Dann sagen wir uns immer: ‹Er muss wohl noch etwas erledigen.›» Schliesslich sei Bernhard Russi der Einzige der einstigen Skifahrer, der auch im AHV-Alter noch richtig arbeiten muss, sagt Giovanoli mit einem verschmitzten Lächeln. Die Erinnerungen an die wunderbaren 1970er-Jahre sind für ihn noch lange nicht Schnee von gestern.

Dumeng Giovanoli bei der Abfahrt am Ski Weltcup 1962/63 in Wengen.

In den 1970er-Jahren schrieben zwei Schweizer
Skirennfahrer eine Geschichte für die Ewigkeit.
Wie die Duelle zwischen Bernhard Russi und Roland
Collombin das ganze Land prägten.

RIVALITÄT UNTER FREUNDEN

Russi gegen Collombin: Das war wie Kübler gegen Koblet auf den Landstrassen der 1950er-Jahre. Oder wie Borg gegen McEnroe auf den Tenniscourts Ende der 1970er- und Anfang der 1980er-Jahre. Das Duell zweier gleichwertiger, aber trotzdem unterschiedlicher Antipoden – ein sportlicher Klassenkampf: Seriös gegen verrückt, angepasst gegen rebellisch, diszipliniert gegen ausschweifend, gut gegen böse. Roland Collombin lacht, wenn er darauf angesprochen wird, und meint: «Wissen Sie, Bernhard und ich waren gar nicht so unterschiedlich, wie es die Öffentlichkeit wahrhaben wollte. Ich war weniger verrückt, als man dachte. Und Bernhard war weniger seriös.» Wie so oft, liegt die Wahrheit in der Mitte: «Wer gute Resultate erreichen wollte, musste hart trainieren», sagt Collombin.

Doch die Gegensätze waren zu schön, als dass sie die Medien ausblenden wollten. Hier der stilistisch perfekte, jederzeit elegante Deutschschweizer aus Andermatt, der die Rennen wie auf dem Reissbrett gewinnt, da der tollkühne und wilde Walliser, der sich am Vorabend eines Rennens noch einen Ballon Fendant gönnt und dann auf der Strecke Kopf und Kragen riskiert.

Russi und Collombin haben ganze Generationen fasziniert. Und noch heute zählen sie in ihren jeweiligen Landesteilen zu den beliebtesten Figuren: Hier Russi, der Strahlemann, der für eidgenössische Tugenden wie Bescheidenheit und Bodenständigkeit steht, da Collombin, der welsche Copain schlechthin, der in seinem Heimatkanton Wallis auf der Popularitätsskala nicht einmal vom Jahrhundertskifahrer Pirmin Zurbriggen überholt wurde.

Collombin erinnert sich: «Wir waren Konkurrenten, aber auch Kollegen. Doch als ich in den Skizirkus kam, war Russi bereits Weltmeister. Die Trainer sagten immer: ‹Mach es wie Russi, mach es wie Russi.›» Tatsächlich herrschte in der Schweizer Nationalmannschaft bei den Winterspielen in

Bernhard Russi und Roland Collombin am 30. Januar 2018 in Lausanne an der
Premiere des Dokumentarfilms «Un Duel Au Sommet» von Pierre Morath.

91

Sapporo eine deutlich sichtbare Zweiklassengesellschaft. Russi startete mit der Nummer 4 – im orange-schwarzen Anzug des A-Teams. Der anderthalb Jahre jüngere Collombin, der sich erst dank der Bestzeit im Training für die Olympia-Abfahrt qualifiziert hatte, folgte mit der Nummer 11. Er trug den blauen Anzug des B-Teams.

Russi legte am Mount Eniwa eine Traumabfahrt in den japanischen Schnee. In der von Karl Erb verfassten Biografie, die mit über 50 000 verkauften Exemplaren zum erfolgreichsten Schweizer Sportbuch der Geschichte wurde, beschrieb er seine Taktik: «Ich hatte mir ausgerechnet, dass ich meine Zeit von der Mittelstation an abwärts herausholen würde. Der obere Teil mit den riesenslalomartigen Kurven schien mir für eine allzu riskante Fahrweise nicht geeignet zu sein. Die Gefahr von Kantenfehlern war gross.»

Russi besass schon damals ein ausgesprochen analytisches Flair. Er beschrieb seine eigene Fahrt unmittelbar nach dem Rennen, als hätte er sie in Zeitlupe auf dem Bildschirm gesehen: «Ich bemühte mich, die ersten Kurven ausgesprochen sauber zu nehmen, was mir auch gelang. Ich fand sofort den Rhythmus. Im Schuss bei der Mittelstation wurde

selbst beunruhigt. Wenn ich in dieser Situation an solche Dinge dachte, könnte leicht etwas schiefgehen. Ich konnte die Gedanken wieder verdrängen. Als ich mich dem Ziel näherte, spürte ich das im Vergleich zu den Vortagen verschärfte Tempo. Beim Einbiegen in den Zielschuss bemerkte ich, dass ich tiefer hinuntergetrieben worden war als je zuvor.»

In den letzten Passagen glaubte er, alles verspielt zu haben: «Der kalte Schweiss lief mir den Rücken hinunter, als ich die Richtungsänderung ausführen wollte und keinen Boden mehr unter den Skiern spürte. Für einen Moment sagte ich mir: ‹Jetzt hast du alles verpasst!› Ich bemerkte indessen, dass die Skier nicht quer standen und ich nichts an Fahrt eingebüsst hatte – im Gegenteil! Mit einem guten Gefühl erreichte ich das Ziel.»

Als Russi im Ziel abschwang, standen noch 51 Gegner am Start. Der gefährlichste aber war ein guter Bekannter: Roland Collombin, der Instinktfahrer aus Versegères bei Verbier. Russi schilderte Karl Erb diesen Moment so: «Ich blieb trotzdem ruhig. Aufgrund meiner und der bis dahin gefahrenen Zeiten durfte ich doch damit rechnen, eine Medaille zu gewinnen. Und das wäre für mich die Hauptsache gewesen. Selbstverständlich war ein Olympia-

«Bernhard und ich waren gar nicht so unterschiedlich, wie es die Öffentlichkeit wahrhaben wollte. Ich war weniger verrückt, und Bernhard war weniger seriös.»

ich weit hinausgetragen, doch machte ich mir deshalb keine Sorgen, weil das ein Zeichen von Schnelligkeit war. Auf der ebenen Zwischenpartie nach der Mittelstation fuhr es mir plötzlich durch den Kopf: ‹Das ist doch das Rennen, für das mir so viele Leute Glück gewünscht haben, in dem so viel von mir erwartet wird.›»

So war sich der spätere Champion seiner Sache während der Fahrt nicht sicher: «Ich war über mich

sieg noch schöner, doch gerade bei Collombin als Schweizer nahm ich die Sache eher gelassener.»

Der 7. Februar 1972 sollte in Sapporo zum Schweizer Nationalfeiertag werden. Russi gewann das Rennen mit 64 Hundertstelsekunden vor Collombin. Andreas Sprecher als Vierter und Walter Tresch als Sechster machten das helvetische Glück perfekt. «Ogis Leute siegen heute!» Und weil die Olympia-Abfahrt auch als WM galt, zählten die

Die beiden Medaillengewinner Collombin und Russi werden an den Olympischen Winterspielen in Sapporo 1972 von Fans auf Schultern getragen.

Schweizer Medaillen quasi doppelt. Den Österreichern blieb mit der Bronzemedaille von Heinrich Messner nur der Trostpreis. Dass dieses Rennen selbst Jahrzehnte später noch in den Köpfen der Menschen präsent ist, erklärt Collombin auch mit der Entwicklung der Medien: «Es war der Anfang der flächendeckenden Fernsehübertragungen. Wir gehörten zur ersten Generation von Sportlern, die sozusagen durch die Schweizer Wohnzimmer fuhren.»

Collombin und Russi fuhren beide Rossignol und teilten sich denselben Serviceman – den Urner Hansjost Müller. Und der hatte auf dem Weg zu Russis erstem Grosserfolg an der WM 1970 in Val

Gardena eine entscheidende Rolle gespielt. Dass die besten Schweizer damals auf die Dienste eines Servicemanns zählen konnten, war alles andere als selbstverständlich. Russi erinnert sich: «Bis kurz vor den Weltmeisterschaften in Val Gardena kümmerte ich mich selber um die Materialvorbereitung. Am Abend vor dem Rennen feilte und wachste ich jeweils die Ski. Mit der Ankunft von Hansjost wurde auch dieser Bereich auf ein professionelles Niveau gehoben.»

Russi und Collombin dominierten den Abfahrtsweltcup in der ersten Hälfte der 1970er-Jahre in überwältigender Weise. Russi gewann den Diszipli-

nen-Weltcup 1971 und 1972, Collombin machte es ihm 1973 und 1974 nach. Zweimal siegte der Walliser auf der Streif in Kitzbühel und am Lauberhorn in Wengen. Im Gegensatz zu seinem Konkurrenten fuhr er ständig am Limit – und weil auf den damals schmalen Brettern Stabilität und Kontrolle schwer zu halten waren, bewegte er sich auf einem schmalen Grat – zu schmal. Bei einem folgenschweren Sturz in Val-d'Isère verstauchte er sich 1974 die Wirbelsäule und fiel die gesamte Saison aus. Ein Jahr später wagte er sich wieder auf die Abfahrt in den Savoyen. Er verunfallte an der exakt gleichen Stelle und brach sich zwei Wirbel. Mit 24 Jahren musste er seine Karriere beenden: «Ich hatte keine Wahl», sagt er heute. Die schicksalsträchtige Passage der Abfahrt trägt heute den Namen «Bosse à Collombin».

Roland Collombin selber wurde Winzer und Getränkehändler. Unlängst verkaufte er seinen Betrieb und eröffnete in Martigny die Raclette-Stube «Streif». Für die Walliser Olympia-Kandidatur 2026 war er als populärer Botschafter unterwegs. Die Frage, ob er je eifersüchtig auf Bernhard Russi gewesen sei, quittiert er mit einem charmanten Lächeln: «Oh non – wir hatten beide eine wunderbare Karriere und wir profitierten beide voneinander. Was Bernhard für die Deutschschweizer ist, bin ich für die Romands.» Russi gegen Colombin. Das ist die Geschichte von zwei Sportlern, die sich im Wettkampf nichts schuldig blieben, die neben der Piste aber nie den Respekt voreinander verloren. Heute sagen sie beide: «Wir sind Freunde.»

Collombin fährt immer hart am Limit, wie hier 1972 bei der Abfahrt in Sapporo. Doch der folgenschwere Sturz 1974 in Val d'Isère beendet abrupt seine sportliche Karriere (kleines Bild).

Der Bau von neuen Abfahrtspisten, die Einführung der Carving-Ski im Rennsport: Bernhard Russi hat den modernen Skisport entscheidend geprägt – und quasi im Vorbeigehen einen neuen Beruf kreiert.

14

«RUSSI HAT EINEN NEUEN BERUF ERFUNDEN.»

Franz Julen kennt den Skisport von allen Seiten. In den USA würde man wohl sagen: Dieser Mann hat vom Skifahren schon mehr wieder vergessen, als die meisten Menschen je davon wissen werden.

Nach dem Wirtschaftsgymnasium begleitete der Zermatter seinen Bruder Max als Serviceman im Skizirkus – und mischte in Sarajewo 1984 das olympische Goldwachs. Danach arbeitete Franz als Journalist und war im Marketing-Reich von Marc Biver als stellvertretender Geschäftsführer unter anderem für die beiden erfolgreichsten Schweizer Skirennfahrer der Geschichte verantwortlich: für Vreni Schneider und Pirmin Zurbriggen. Von dort schaffte er den Schritt in die Privatwirtschaft. Fünf Jahre fungierte er als CEO von «Völkl International AG», anschliessend arbeitete er 19 Jahre für «Intersport International Corp.», 17 Jahre davon führte er als CEO die in 65 Ländern aktive Intersport Gruppe.

Heute sitzt er in verschiedenen Verwaltungsräten: unter anderem als Präsident bei der «Valora Holding AG» und bei den «Zermatt Bergbahnen».

Während seiner Zeit bei Völkl lernte der heute 60-jährige Walliser in den 1990er-Jahren Bernhard Russi als Geschäftspartner und Berater kennen. Russi war bei Völkl damals in die Kollektionserstellung involviert, testete Produkte und suchte als Trendscout nach Innovationen, neuen Wegen und Marktfeldern für die darbende Skiindustrie. Alle sprachen vom Snowboard – und manche Führungskräfte in den etablierten Skifirmen hatten ein Brett vor dem Kopf. Gian Simmen sollte mit dem Halfpipe-Olympiasieg 1998 in Nagano den vormaligen Trendsport endgültig in eine neue Umlaufbahn befördern.

Die konservativ denkende und handelnde Skiindustrie forderte Innovationen. Und plötzlich machte ein Begriff die Runde, der seinen Ursprung ausgerechnet im Snowboard-Sport hatte: Carving.

Akribische Olympiavorbereitung im Windkanal: In den 1970-er Jahren wurde der Skisport auch materialtechnisch und wissenschaftlich auf ein neues Niveau gehoben.

KAPITEL 14

Auch an Franz Julen wurde diese Idee von seinen Entwicklungs- und Produktteams herangetragen. Doch der Walliser zögerte. Angesichts des schwierigen Marktumfeldes und der rückläufigen Tendenzen bei Völkl stand ihm der Sinn nicht nach Experimenten und grossen Investitionen. Julen erinnert sich: «Ich sagte mir: ‹Sparen ist angesagt› – und wollte die Mittel nicht freigeben. Doch letztlich war es Russi, der spürte, dass der Trend in diese Richtung geht. Er gab den entscheidenden Input, dass Völkl als erste Skimarke im Rennbereich auf Carving-Ski setzte.» Russi habe sachlich und stets zurückhaltend argumentiert, aber zwischen den Zeilen keinen

zuvor», erzählt Julen, «dann brachen alle Dämme.»

Es war die Walliserin Heidi Zurbriggen, die als Erste mit dem neuen Material ausgerüstet wurde. Julen war vom Ergebnis sofort beeindruckt: «Heidi hatte im Riesenslalom zuvor nie überzeugt. Aber mit den Carving-Skiern an den Füssen war sie um Klassen besser.» Die Race Carver-Erfolgsstory von Völkl war nicht mehr aufzuhalten – auch dank Bernhard Russi!

Nicht nur in puncto Materialentwicklung war Russi ein Wegbereiter. Julen streicht dessen Verdienste im Pistenbau hervor: «Bernhard hat dem Abfahrtssport ein neues Gesicht gegeben. Die

«Sofort teste ich dieses neue Modell. Ich hatte ein grandioses Fahrgefühl und spürte Fliehkräfte wie nie zuvor», erzählt Julen, «dann brachen alle Dämme.»

Zweifel gelassen, dass die Entwicklung bei Völkl in diese Richtung gehen müsse: «Dafür bin ich ihm heute noch dankbar. Er hat entscheidend mitgeholfen, dass Völkl – nicht zuletzt aufgrund der Carving-Strategie – den Turnaround geschafft hat. Dieser Leistungsausweis war mitentscheidend, dass ich zu Intersport geholt wurde. Möglicherweise hätte ich ohne Bernhard nicht die gleiche Karriere gemacht», sagt Julen offen. Einmal von der Idee überzeugt, fackelte Julen nicht lange: «Bernhard und ich hatten das Design für den neuen Ski, den Race Carver, in zwei Minuten verabschiedet.»

Doch zurück in den Schnee. Russi konnte Julen überzeugen, die Investitionen freizugeben. Der erste Testski stand anlässlich einer Materialpräsentation im norditalienischen Piancavallo Anfang Dezember 1996 zur Verfügung. «Vom Sessellift aus sah ich, wie ein Völkl-Mitarbeiter und ehemaliger italienischer Rennfahrer enge Schwünge und Radien in den Schnee setzten – wie ein Snowboarder. Sofort testete ich ebenfalls dieses neue Modell. Ich hatte ein grandioses Fahrgefühl und spürte Fliehkräfte wie nie

Pisten, die er gestaltet hat, setzten Massstäbe.» Russis erster Coup war die WM-Strecke in Vail mit der publikumswirksamen Passage «Rattle Snake Alley». Als Quantensprung in der Entwicklung des Skisports gilt die «Face de Bellevarde» in Val-d'Isère, die Russi im Hinblick auf die Winterspiele 1992 in Albertville konzipierte. Sie führt über steiles und ruppiges Gelände, ist kurvenreich und technisch anspruchsvoll. Die ursprüngliche Piste in Val-d'Isère, die «Piste Oreiller-Killy», wird seit 2008 nur noch für Damenrennen verwendet. Dass die modernen Abfahrtsstrecken auf dem Reissbrett konzipiert werden, liegt für Franz Julen in der Natur der Sache: «Wenn man neue Skigebiete erschliessen will, ist ein infrastruktureller und logistischer Aufwand unerlässlich. Russi hat gerade mit seinen Arbeiten in Asien bewiesen, wie das geht.» Und daneben habe Russi auch die Arbeitsvielfalt erweitert, sagt Julen lachend: «Er hat einen neuen Job kreiert. Den Beruf des Pistenbauers gab's vorher nicht.»

Dass sich Russi auch vier Jahrzehnte nach seinem Rücktritt als Rennfahrer ungebrochener Popularität erfreut, stehe in direktem Zusammenhang mit Qualitäten, die ihn auch als Geschäftsmann auszeichnen, meint Julen: «Bernhard ist im Berufsleben zuverlässig, immer bestens vorbereitet, pünktlich und hochprofessionell. Vor allem macht er nur Dinge, mit denen er sich zu hundert Prozent identifizieren und die er mit Leidenschaft auch langfristig vertreten kann.» Daran könne selbst die Aussicht auf kurzfristigen finanziellen Ertrag nichts ändern: «Bernhard kannte seinen Marktwert genau, war aber in Verhandlungen immer fair und langfristig orientiert. Er ging nie aufs Letzte, sondern stellte sich immer die Grundsatzfrage: Was passt zu mir? Darum war es möglich, ihn so lange so erfolgreich zu vermarkten.»

Julen sagt, er habe im Lauf der Zeit nur einen Skirennfahrer erlebt, der mit Russi zu vergleichen sei: Pirmin Zurbriggen. «Auch Pirmin stammt aus bescheidenen Verhältnissen. Auch er verlor trotz grosser Erfolge nie an Demut und Bodenständigkeit. Auch Pirmin war der Wunschschwiegersohn vieler Mütter», erklärt Julen – und findet doch noch einen Unterschied: «Pirmin wiegt die Dinge eher ab, Russi besitzt auch ein Pokerface.»

Russi und die Walliser: Das war auch immer wieder eine Konkurrenzsituation – eine, von der alle profitierten. Zumindest innerhalb der Schweiz befeuerten die Duelle mit Roland Collombin das Geschäft und beflügelten die Fantasien der Öffentlichkeit. An dieser Stelle kann der Walliser Julen bei aller Freundschaft zu Russi – eine Tatsache nicht unter den Tisch kehren: «Im Wallis gibt es auf der Popularitätsskala zwischen Collombin und Russi einen klaren Unterschied: Collombin wird geliebt, Russi wird respektiert.» Daran kann selbst die Herkunft (Brig) von Russis Mutter nichts ändern.

Auch wenn diese Aufnahme aus dem Jahr 1986 sicher nicht hundertprozentig ernst gemeint war: Russis Ideenreichtum und Geschäftssinn machen ihn zu einem begehrten Businesspartner.

Warum SUBARU?

...eser
...bruar 1979 durfte ich Ihnen eine neue Auto...
...Schweiz vorstellen:

...UBARU

...s hatten Sie Gelegenheit, mit einem Auto Be...
...zu schliessen, dem ein ganz neues Konzept
...lag: einem normalen 5-
...ationswagen wurde ein
...wünschbaren Gelegenheit
...rer 4-Rad-Antrieb mit auf
...e gegeben. Nebst den her-
...llen Eigenschaften, die die-
...ug sonst schon aufzuweisen
...ntantrieb, Einzelradaufhän-
...ren und von (!), Aluminium-
...chutzmotor etc.

...s ist nun aus dem SUBARU
...1600 4WD geworden? Ein
...folg, so darf ich behaupten.
...00 Käufer haben in dieses
...onäre neue Konzept vertraut
...als dies in den letzten 34 Jah-
...irgend einer anderen Auto-
...im ersten Jahr des Erscheinens
...em Schweizer Automarkt der

SUBARU Station 4WD De Luxe, mit zuschaltbarem **4-Rad-Antrieb**

...r.

...erzlichen Dank, liebe SUBARU-Fahrer, und: Sie
...n gut gewählt, wie uns laufend begeisterte Kom-
...bestätigen. Fahreigenschaften, Robustheit, Wirt-
...lichkeit und sorgfältige Fertigungsqualität werden
... als hervorstechendste Merkmale genannt, ganz
...esehen vom anerkannt günstigen Anschaffungspreis
...rlich.

...Wer die Leistungsfähigkeit japanischer Technik
...nt, durfte erwarten, dass sich die SUBARU-Ingenieure
...nicht mit dem Stand der heutigen Technik begnügen
...würden. Ich freue mich deshalb, dass in diesen Tagen
...eine neue SUBARU-Generation die Schweizer Autoszene
...beleben wird: mit einer atemberaubend schönen Limou-
...sine und einem neuen Stationswagen, der noch breitere
...Käuferschichten ansprechen wird.

...Haben nun die bisherigen SUBARU-Käufer vielleicht
...zu früh zugegriffen? Keineswegs. Das bisherige Modell
...zeichnete sich u.a. auch durch seine kompakten Aussen-
...masse aus –" was einem echten Bedürfnis vor allem in

Berggebieten, aber auch für schmale Stadt-Parkplätze
entsprach. Von grösster Wichtigkeit ist aber die Wert-
beständigkeit des SUBARU: Gebrauchte Wagen dieser
Marke werden in der Schweiz geradezu systematisch
gesucht – und dies ergibt natürlich höchste Wiederver-
kaufswerte. Wer also zum neuen Modell wechseln
möchte, der kann für seinen bisherigen SUBARU vom
offiziellen Vertreter mit Sicherheit ein sehr attraktives Angebot erwarten - dieser hat nämlich
bestimmt schon einen Käufer für den
Eintauschwagen.

SUBARU mit Allradantrieb – ist
dies ein Modefahrzeug? Ich bin vom
Gegenteil überzeugt und ich habe
gute Gründe dafür. Sicher gibt es
Fahrzeuge mit 4-Rad-Antrieb, die
heute «in» sind, weil es einfach lustig
ist, dort weiterfahren zu können, wo
andere den Wagen abstellen müssen.
Dies kann man zwar auch mit dem
SUBARU, doch ist es mit diesem viel
billiger, weil wirtschaftlicher. Weil Sie
den 4-Rad-Antrieb erst dann zuschal-
ten, wenn Sie ihn wirklich benötigen.
Das spart Benzin, und die Getriebe-
abnützung ist vergleichsweise gering.
Für alle Normal-Situationen hat man
dann dafür einen hochmodernen
Personenwagen, bei dem man weder auf den Kom-
fort noch auf hervorragende Fahreigenschaften
Stadtverkehr und Autobahnen verzichten muss. Dies alles
macht den SUBARU extrem modeunabhängig, denn einen
Personenwagen, der mit unbestreitbarer Spitzentechnik
quasi als Dreingabe einen kleinen Hebel für die Extrem-
Situationen wie Schnee, Glätte etc. vorweisen kann, wird
man in 10 Jahren noch ebenso benötigen wie heute.

Die neuen SUBARU-Modelle können nun aber noch
eine ganze Menge mehr: der bewährte 1600 cm³-Alu-
Motor wurde noch stärker, der erste Gang kürzer abge-
stuft, die neuen Karosserien etwas länger und breiter
konzipiert (und damit der Innenraum wesentlich ver-
grösser). Das Styling entspricht dem allerneusten Trend:
die attraktive Keilform vermindert den Benzinverbrauch
und reduziert Fahrgeräusche, die reiche Innenausstattung
genügt höchsten Anforderungen, die bisher schon vor-
bildlichen Sicherheitsmerkmale wurden auf den allerneusten Stand gebracht.

SUBARU Sedan 1600 4WD De Luxe, mit zuschaltbarem **4-Rad-Antrieb**

Die Ergänzung des SUBARU-Programms durch eine
prächtige Frontantriebs-Limousine mit zuschaltbarem 4-
Rad-Antrieb und Einzelaufhängung aller 4 Räder erweitert den Käuferkreis für dieses Fahrzeug natürlich schlagartig. Die SUBARUS mit der Spitzentechnik aus Japan und
dem «kleinen, grossen Unterschied» (= zuschaltbarer 4-
Rad-Antrieb) im grössten Fahrzeug-Segment des Schweizer Marktes (1350–1650 cm³) kommen nach meiner Meinung für jeden in dieser Kategorie und in
der populären Preisklasse von 14'000.– bis 16'000.– Franken einen neuen Wagen anzuschaffen gedenkt.

Und bei dieser Gelegenheit noch ein kurzes Wort
zum Preis: der allgemeinen Autoteuerung zum Trotz sind
die brandneuen SUBARUS aussergewöhnlich preisgünstig
geblieben. Wobei Sie sich, lieber Interessent, mit dem
Kaufpreis gleich noch eine ausführliche Hohlraumbe-
handlung, einen Gratis-Service und den bekannten Swiss-
Finish aus Safenwil miterwerben.

Über 140 Vertreter...

Ich wü...
dem neuen...
zehnt vollzi...

Bernhard Russi: «... mit SUBARU 4WD den
Schritt in ein neues Auto-Jahrzehnt tun ...»

Darum SUBARU!

Ewige Partnerschaft: Seit über 40 Jahren wirbt Bernhard Russi für Subaru. Autounternehmer Walter Frey erklärt, weshalb der Urner der perfekte Markenbotschafter ist.

15

SUBA-RUSSI UND DIE VIERRAD-REVOLUTION

Zürich-Altstetten, Badener-Strasse: Industriebauten, Wohnblöcke, Tankstellen. An der urbanen Ausfallstrasse erinnert nichts an skifahrerische Grosstaten. Und trotzdem liegt hier, im Gebäudekomplex der Hausnummer 600, eine der Schlüsselstellen von Bernhard Russis Karriere — möglicherweise die wichtigere als der Hundschopf in Wengen und die Mausefalle in Kitzbühel. Es ist der Hauptsitz der Emil Frey AG.

Walter Frey, Firmenchef in zweiter Generation, bittet in seinem Sitzungszimmer zum Gesprächstermin. Die Atmosphäre des Raums wird von einem grossen Holztisch geprägt, auf dessen lackierter Oberfläche sich das Sonnenlicht spiegelt. Schwere lederne Sessel verleihen dem Raum den gediegenen Charme eines englischen Salons. An der Wand hängt ein Plakat des 37. Genfer Autosalons 1967, als mit Toyota die erste japanische Marke ins Bewusstsein der Öffentlichkeit rollte. Daneben prangt

ein Porträt des 1995 im Alter von 96 Jahren verstorbenen Firmengründers Emil Frey.

Auch 23 Jahre später ist dieses Kapitel der helvetischen Zeitgeschichte noch allgegenwärtig. Walter Frey erscheint mit einem schweren Buch — der «Emil Frey Autobiografie» zum Gespräch. Nach einem kräftigen Handschlag öffnet er das Werk auf Seite 212. Es ist die Passage, die der Markteinführung von Subaru gewidmet ist, bebildert mit dem

Auf der Überholspur. Mit dem Subaru wird die Vierradtechnologie mehrheitsfähig.

101

Mann, der dem neuen Gefährt in der Schweiz das Gesicht gab: Bernhard Russi. «Es war die perfekte Zusammenarbeit – ein geländegängiges Auto und der geländegängigste Schweizer», kommentiert Walter Frey lachend und nimmt auf einem Sessel Platz. «Wenn den Menschen der Name der Marke nicht mehr einfiel, sagten sie Suba-Russi.»

Wie alles begann, wird in besagtem Buch von Emil Frey wie folgt beschrieben:

Einen wesentlichen Vorwärtsschub realisierte das von meinem Sohn geführte Unternehmen, als es 1979 die ersten allradgetriebenen Personenwagen der japanischen Marke Subaru in die Schweiz brachte. Allradfahrzeuge waren uns seit 1971 bestens vertraut; damals begannen wir mit dem Import des Range Rover, den wir zur nicht geringen Überraschung der ganzen Branche nicht etwa konventionell als Nutzfahrzeug darstellten, sondern als Personenwagen zu positionieren versuchten. Das erste Range Rover-Inserat zeigte eine Lady im langen Abendkleid vor dem Zürcher Opernhaus.

Der Erfolg des Range Rover zeigte uns früh, dass es in der gebirgigen Schweiz einen grossen, noch nicht ausgeschöpften Markt für Allradfahrzeuge geben musste. Subaru kam mit seiner Innovation wie gerufen: Dies war der 4x4-Wagen für das normale torenbauer «Ferguson» ein Personenfahrzeug mit Vierradantrieb, das schliesslich von der inzwischen längst erloschenen Personenwagenfirma «Jensen» – freilich nur in geringen Stückzahlen – auf den Markt gebracht wurde (Jensen FF, 1965). Obwohl die Fachwelt der Neuentwicklung gute Chancen voraussagte, wurde die Produktion bald wieder eingestellt, denn die Jensen-Autos waren zu gross und zu teuer. So gehörte der Markt der Allradfahrzeuge nach wie vor den als Gelände- und Lieferwagen ausgelegten Typen wie Jeep, Landrover, Austin Gipsy und Mercedes-Unimog. Aber mengenmässig kamen die Vierradfahrzeuge nicht über einen Anteil von einem halben Prozent am gesamten schweizerischen Personenwagenmarkt hinaus.

Dies änderte sich schlagartig, als das auch im Flugzeug- und Eisenbahnbau erfolgreiche japanische Konglomerat «Fuji Heavy Industries» in der zweiten Hälfte der Siebzigerjahre einen Subaru-Personenwagen mit zuschaltbarem Allradgetriebe herausbrachte. Das Auto war auf Anhieb und ohne Werbung ein recht guter Exporterfolg in den USA. Das gebirgige Terrain der Schweiz und die harten Winter im Alpengebiet liessen uns an einen durchschlagenden Erfolg auch in der Schweiz glauben.

Als Leitfigur für die Werbung und Public Rela-

»Die perfekte Zusammenarbeit: ein geländegängiges Auto und der geländegängigste Schweizer.«

Walter Frey

Budget, mithin für das, was wir Autofachleute das «Volumen-Geschäft» nennen.

Die allerersten Fahrzeuge dieses Typs in der Schweiz waren die Jeeps gewesen, die zunächst als Restbestände der amerikanischen Invasionsarmee nach Europa gekommen waren und sich namentlich bei den Kunden, die in unwegsamem Gelände zu arbeiten hatten, grosser Beliebtheit erfreuten. Anfang der 1950er-Jahre entwickelte der englische Trak- tions stand uns der Inbegriff des geländegängigen Schweizers, Skiweltmeister und Olympiasieger Bernhard Russi, zur Seite. Wir hatten uns nicht getäuscht: Schon im Einführungsjahr 1979 konnten 2307 Subaru ausgeliefert werden. 1987 waren es bereits über 14000! Es dauerte nicht lange, da war Subaru im Gebirgskanton Graubünden eine der meistverkauften Automarken überhaupt. Ich muss heute noch schmunzeln, wenn ich an den grimmi-

Starkes Trio: Russi mit Automobil-Pionier Emil Frey (Mitte) und Bundesrat Kurt Furgler (rechts).

gen Ausspruch des Generaldirektors eines anderen, ohne Allradfahrzeuge dastehenden Importeurs denke: «Die Schweizer tun so, als ob sie alle Hebammen im Engadin wären!» In Wirklichkeit hatte die anspruchsvolle schweizerische Autokundschaft einfach gemerkt, dass sie mit Subaru einen echten Mehrwert an Betriebsbereitschaft und Verkehrssicherheit zu vergleichbarem Preis erhielt.

39 Jahre nach der Markteinführung des Subaru in der Schweiz sagt Walter Frey: «Bernhard Russi war entscheidend für die erfolgreiche Etablierung der Marke. Mit seiner Bodenständigkeit, Bescheidenheit und Glaubwürdigkeit überzeugte er die Kundschaft vom ersten Tag an. Russi hätte nie für den Subaru geworben, wenn er nicht selber von dessen Qualität überzeugt gewesen wäre.»

Walter Frey kannte Russi vor dem Beginn der Geschäftsbeziehung lediglich aus dem Fernsehen und aus den Zeitungen: «Ich habe seine Duelle mit Roland Collombin mit Faszination verfolgt. Das war ähnlich wie einst bei den Radfahrern Ferdy Kübler und Hugo Koblet.» Persönlich gesprochen habe er mit ihm das erste Mal 1977, erinnert sich der Unternehmer. Es war Russis Vermarkter Mark McCormack, der bei der Emil Frey AG vorstellig wurde und sich erkundigte, ob auf dem Automobilsektor ein Sponsoring möglich sei. Walter Frey stand damals als Firmenchef und Marketingleiter in der Verantwortung. Sein Vater hatte sich bereits aus dem Tagesgeschäft zurückgezogen.

Frey erinnert sich an die erste Annäherung: «Der Kontakt zu Russi entstand, als ich mir noch unsicher war, wie die Zusammenarbeit funktionieren könnte. Das Budget hätte ich eigentlich nur bei British Leyland besessen.» Der britische Automobilkonzern besass damals unter anderem die Marken Jaguar, Range Rover, Austin und Mini Cooper. Und Russi stand auf englische Autos, wegen deren Stil und Eleganz. Vom Subaru wusste er damals noch nichts – konnte er aber auch nicht. Denn die Marke war in Europa zu diesem Zeitpunkt nur einem kleinen Kreis von Insidern bekannt. Walter Frey war eher zufällig in einer Fachzeitschrift auf sie gestossen.

Dass Russi von einem Manager begleitet wurde, ist für Frey im positiven Sinne «bezeichnend»: «Russi ist ein intelligenter Sportler – ein sehr intelligenter sogar. Auch als er Weltmeister und Olympiasieger war, verlor er Bescheidenheit und Bodenhaftung nie. Er hat nie vergessen, woher er kommt, und war für Ratschläge immer empfänglich. Vor allem überlegte er sich bei jedem Produkt ganz genau: Kann ich für das, wofür ich meinen Namen gebe, auch einstehen? Würde ich dieses Produkt auch selber kaufen?»

Der erste Subaru stand damals im Keller des Emil-Frey-Hauptsitzes in der Badener-Strasse. Walter Frey wollte nicht, dass grosses Aufhebens um den neuen Wagen gemacht wird. Auch die eigene Belegschaft sollte nicht darüber sprechen. Also verhüllte Frey das Gefährt mit einem grossen Tuch. Als Russi den Raum betrat, lüftete Frey das Geheimnis. Der Unternehmer erinnert sich mit einem Lächeln: «Russi sagte zunächst nichts – er hob die Augenbrauen. Ich glaube, er war fast ein bisschen erschrocken. Er hatte offensichtlich nicht das Gefühl, dieses Gefährt sei ein elegantes Beauty.»

Frey aber liess Fakten sprechen. Er erklärte dem designierten Botschafter, dass der japanische Wagen eine Funktionalität und Vielseitigkeit besitzt, die man sonst nur bei höheren Klassen wie Jeep oder Range Rover findet, mit Vierradantrieb und Einzelradaufhängung. Frey sagte zu Russi: «Das ist ein funktionell einwandfreies Auto, das man in jedem Gelände benutzen kann. Das passt perfekt zu dir. Man wird dir abnehmen, dass du dafür wirbst.

«Russi war fast ein bisschen erschrocken.
Er hatte offensichtlich nicht das Gefühl, dieses Gefährt
sei ein elegantes Beauty.»

Walter Frey

Geländetaugliche Kult-Nummer: «UR 5000» ist bis heute das berühmteste Schweizer Kontrollschild.

Denn du verkörperst den gebirgstauglichen Schweizer schlechthin.»

Russi war noch unsicher. Schliesslich traf er Walter Frey erst das zweite oder dritte Mal. Frey spricht von Distanz und einem gewissen Misstrauen, das zwischen ihnen geherrscht habe. Aber Russi habe die Skepsis mit viel Charme und Empathie überspielt. Frey fasste den Plan, Russi mit einer praktischen Vorführung von den Qualitäten des japanischen Autos zu überzeugen. Er holte bei einem Bauer in Stallikon die Bewilligung ein, eine glitschige Wiese zu Testzwecken befahren zu dürfen – ganz nach seinem Credo: «One time see is better then ten times hear.»

Auf tiefem Geläuf demonstrierte der Unternehmer die Qualitäten des zuschaltbaren Vierradantriebs. Russi traute dem Vehikel trotzdem nicht so recht über den Weg. Er klammerte sich ängstlich an den Sitz und rief: «Bist du verrückt!?» Doch Frey steuerte den Subaru locker aus der tiefen Wiese hinaus und hatte seinen Mitfahrer quasi mit einer Radumdrehung überzeugt. Russi sagte: «Das ist ein super Auto. Das lässt sich in den Bergen perfekt fahren.» Er realisierte sofort, dass der Subaru mehr als ein Prestigeobjekt ist, nämlich ein Fahrzeug, das im Alltag sehr nützlich ist und bestens zu den topografischen und klimatischen Begebenheiten in der Schweiz passt. Prompt wurde der Subaru das meist-

Werbebotschaften: Russi erklärt die Vorteile der neuen Technologie.

verkaufte Auto in den Bergkantonen Graubünden, Wallis und Glarus.

Es war der Beginn eines tiefen Vertrauensverhältnisses zwischen Walter Frey und Bernhard Russi. Und der Anfang der längsten Partnerschaft im Schweizer Werbemarkt.

Spricht Walter Frey über die Zusammenarbeit mit Russi, kommt er ins Schwärmen. Es sei immer eine Zweibahnstrasse, nie eine Einbahnstrasse gewesen. Dazu passen die unkomplizierten Modalitäten: «Wir schlossen 1979 einen Vertrag ab, unterzeichneten

Die Message des Champions wirkt aus heutiger Sicht wie das »Wort zum Sonntag« und das erste Subaru-Modell eher wie ein Traktor …

Russi interessierte sich für die Strategien seines neuen Partners und erkundigte sich, wie sein Mandat als Subaru-Botschafter mit anderen Aufträgen zu verbinden sei. Walter Frey sprach nicht um den heissen Brei herum: «Wir sind natürlich daran interessiert, dass du nicht an jeder Hundsverlochete teilnimmst und deinen Namen nicht für alles hergibst.» Wichtigste Bedingung war: Im Automobilsektor durfte Russi keine anderen Partnerschaften eingehen. Aber auch sonst legte Frey Wert darauf, dass sich Russi gut positionierte. Russi verstand – und nahm den Ball dankbar auf. So entstand eine Zusammenarbeit, die sich mehr und mehr auch auf menschlicher Ebene abspielte.

Russi informierte Frey fortan über all seine geschäftlichen Schritte – beispielsweise, als er vom Schweizer Fernsehen das Angebot erhielt, bei dem Format «Die Schatzsucher» mitzumachen. Es war sozusagen eine Reality-Show, bevor es Reality-Shows gab. Und Russi holte sich auch Freys Rat ein, als er eine Anfrage als Pistenbauer erhielt. Als Schatzsucher fischte Russi im Trüben. Die Sendung, die in Frankreich ein Quotenrenner war, fiel beim Schweizer Publikum durch. Gold fand Russi dagegen als Architekt von Abfahrtsstrecken. Diese Aufgabe korrespondierte einerseits mit seiner Ausbildung als Hochbauzeichner, anderseits passte sie zu seinem Engagement in der Automobilindustrie, stand sie doch für technische Entwicklung, Kreativität und Innovation.

ihn und gaben uns die Hand. Seither habe ich diesen Kontrakt nie mehr gesehen.» Es war ein Handschlag für die Ewigkeit: «Das ist heute nicht mehr selbstverständlich», sagt Frey.

Da der Unternehmer natürlich sofort von Russis Bekanntheitsgrad profitieren wollte, nahm er praktisch aus dem Stand den ersten Werbespot auf. Russi brachte dabei immer seine eigenen Ideen ein, machte Vorschläge zur Verbesserung und zur glaubwürdigen Umsetzung.

Der erste Subaru-Werbespot dauerte länger als eine Fahrt von der Lauberhorn-Schulter nach Wengen – über vier Minuten. Die Message des Champions wirkt aus heutiger Sicht ein wenig wie das «Wort zum Sonntag» und das erste Subaru-Modell, der «1600 Kombi», eher wie ein Traktor als ein modernes Auto. Doch Russi traf damals exakt den Nerv der Öffentlichkeit – und jenen der Zeit. Walter Frey erklärt sich dies mit der grossen Authentizität und nennt ein Beispiel dafür, dass Russi sich nie verstellte oder verbiegen liess: «Nach dem Erfolg in der Deutschschweiz wollten wir den Spot auch in der Westschweiz und im Tessin lancieren. Aber Russi hatte Zweifel bezüglich seiner Sprachkenntnisse. Er schlug vor, dass er Deutsch spreche – und seine Worte übersetzt werden. Doch ich beharrte darauf, dass er in seinem Französisch und in seinem Italienisch spricht – egal, ob es perfekt war oder nicht. Er musste ja nicht wie ein Moderator sprechen.»

Russi sah ein, dass die Präsenz seiner Stimme wichtiger war als der grammatikalisch einwandfreie Ausdruck. Also sprach er selber französisch und italienisch. Frey ist noch heute begeistert davon: «Weil Russi selber sprach und seine Spontanität zeigte, wurde der Film ein grosser Erfolg. Die Zuschauer merkten, dass nichts gespielt, sondern alles hundertprozentig echt war.» Exakt diese Qualität macht Russi für Walter Frey zum perfekten Werbeträger: «Bernhard Russi ist kein schneller und oberflächlicher Botschafter. Er gibt sich grosse Mühe, jeden

So wurde Bernhard Russi quasi ein Teil der grossen Subaru-Familie. Er unterhielt von Beginn an Kontakt zum Generalsekretariat und zu den Vertretern. Er zeigte ein Engagement, das weit über die Rolle des Markenbotschafters hinausging. Frey sagt: «Das machte er, weil er vom Produkt überzeugt war, weil er realisierte, dass der Subaru der Konkurrenz funktionell überlegen war.»

Der Sapporo-Effekt war sozusagen das Pünktchen auf dem i. Frey hätte Russi auch engagiert, wenn dieser in Innsbruck oder Grenoble Olympia-

Vor der Markteinführung wussten die Schweizer nicht, ob Subaru eine Fertigsuppe, ein Brotaufstrich oder eine neue Sonnenbrille ist.

Auftrag perfekt zu erfüllen. Vor allem ist er nicht eine Person, die nur dem Schein nachrennt – er setzt vielmehr aufs Sein. In der Marketingwelt laufen Schein und Sein nicht immer parallel. Bei Russi war es allerdings immer so. Wir diskutierten nie über Honorar oder Rechnungen. Ich kann nicht einmal sagen, was wir ihm bezahlen. Wichtig ist: Alles basiert auf gegenseitigem Vertrauen und Respekt. Irgendwann sagte ich: ‹Sollen wir den Vertrag nochmals hervornehmen?› Und so einigten wir uns darauf, die Partnerschaft bis ans Lebensende zu verlängern.»

sieger geworden wäre. Doch die japanische Verbindung von Sapporo und Subaru liess sich hervorragend vermarkten. So begann der erste Werbespot mit Russis Goldfahrt von den olympischen Winterspielen 1972.

Mittlerweile sind seit diesem Tag über 46 Jahre vergangen und Bernhard Russi gehört noch immer zum Schweizer Kulturgut. Dass ein Sportler so lange nach seinem Rücktritt noch so bekannt, populär und glaubwürdig ist, bezeichnet Walter Frey als «phänomenal». Russi habe sich diesen Status auch durch sein feines Gespür und seine durchdachte und realitätsbezogene Kommunikation verdient: «Russi verfiel nie dem Grössenwahn, er wusste immer, wo seine Grenzen waren. Er machte stets nur das, was er beherrschte und verantworten konnte. Man hat noch nie gesehen, dass Russi die Nerven verlor oder in Hektik verfiel. Er wirkt stets kontrolliert und souverän.»

Auch wenn er eine herausragende sportliche Leistung erbrachte, wie die Durchsteigung der Eigernordwand mit über 50 Jahren oder die Bezwingung des El Capitan im Yosemite-Nationalpark, verzichtete er auf die kommerzielle Inszenierung. Für ihn war immer klar: Für die grösstmögliche Glaubwürdig-

Bernhard Russi zeigt: scharfe Kurven.

Donnerstag, 25. September 1997, um 19.25 Uhr auf SF 1*

*Und im TeleZüri, TeleM1, TeleBärn, TeleTell sowie am 26.9.97 in RTL um 20.10, in Pro7 um 21.20 und Sat1 um 23.10 Uhr.

Sportlich-elegant: Fast wie ein Jaguar ...

keit habe ich keine kurzfristigen Gags nötig. Wann wurde Russi quasi zum medialen Selbstläufer und zu seiner eigenen Marke? Walter Frey denkt, dass dieser Prozess eng mit Russis Karriere als Co-Kommentator im Schweizer Fernsehen verbunden sei. Zunächst habe die Öffentlichkeit mit Skepsis reagiert. Man habe sich gefragt, ob es Russi nur ums Geld ginge, ob er seinen Olympiasieg nachträglich finanziell vergolden wollte. Doch als die Menschen realisierten, dass sich Russi selber treu blieb, dass er das verkörperte, was er immer war, reagierten sie mit Respekt und Bewunderung. «Russi wurde nie aufdringlich oder künstlich», bestätigt Walter Frey und fügt an: «Und er ist immer ein hochdisziplinierter Spitzensportler geblieben – auch im Berufsleben. Man darf nicht vergessen, dass er 1982

mit dem Subaru die Rallye Paris – Dakar erfolgreich absolvierte. Das war eine Meisterleistung.»

Gerade der Sportgeist und die physische Topverfassung sind massgebend für Russis Glaubwürdigkeit und Integrität. Walter Frey erinnert sich an einen betriebsinternen Anlass, als Russi zur Belegschaft sprach: «Unsere Händler würden wohl sonst nie jemandem zuhören, der nicht vom Fach kommt. Doch wenn Russi etwas sagt, hängen sie an seinen Lippen und sagen: ‹Ja, er hat recht.› Sein Geheimnis liegt darin, dass er nur über Dinge spricht, die er versteht und die er selber erlebt hat. Russi ist ein Praktiker.»

Verlässliche Statistiken, die den konkreten Wert von Russis Werbeauftritten für Subaru spiegeln, gibt es nicht. «Dieses Kind wurde von einer Million Samen erzeugt», erklärt Frey plakativ. Doch was er mit Bestimmtheit sagen könne: Russi habe einen entscheidenden Anteil geliefert, um die Marke «Subaru» bekannt zu machen. Dass er offensichtlich nicht nur bei Männern und Sportfreaks beliebt ist, sondern in allen Gesellschaftsschichten und Altersklassen, sei ein wichtiger Nebeneffekt, erklärt Frey. «Und offensichtlich kommt er auch bei Frauen sehr gut an.»

Im Marketing spricht man von Notoriety. Vor der Markteinführung des neuen Wagens wusste man in der Schweiz nicht, ob Subaru eine Fertigsuppe, ein Brotaufstrich oder eine neue Sonnenbrille ist. Dank Russi habe sich das schnell geändert, so Frey:

«Nach zwei Jahren wussten etwa 50 Prozent der Schweizer, dass Subaru ein Auto ist – und 40 Prozent, dass es ein Auto mit einem Vierradantrieb ist.»

In der öffentlichen Wahrnehmung gilt: Subaru ist Russi. Und Russi ist Subaru. Dabei setzte Frey auch auf andere Botschafter. In der Romandie arbeitete er mit dem Tennisspieler Stan Wawrinka zusammen. Auch DJ Bobo fährt vierradgetrieben durch den Werbemarkt. Auch DJ Bobo fährt vierradgetrieben durch den Werbemarkt. Heute komplettieren die Sängerin Eliane Müller und Schwingerkönig Jörg Abderhalden das Team. An Bernhard Russi aber kommt niemand vorbei: «Total identification», sagt Frey auf Neudeutsch.

»Dass er 1982 mit dem Subaru die Rallye Paris – Dakar erfolgreich absolvierte, war eine Meisterleistung!«

Walter Frey

Der Erfolg und die Langlebigkeit der Zusammenarbeit sind umso erstaunlicher, als sie nicht dem Strategieplan von Werbefachleuten oder Marketingexperten entsprangen. Walter Frey war sozusagen seine eigene Werbeagentur. Dies führte in der Branche zu Stirnrunzeln und Futterneid. In der Schweizer Marketing Schule wurde die Subaru-Kampagne mit Russi anfänglich als Beispiel genommen, wie man Werbung nicht machen darf. Walter Frey erzählt die Geschichte mit einem schalkhaften Lachen. Denn die Werber mussten ihre Meinung revidieren: «Sechs Jahre später – noch immer ohne Agentur – waren wir dann das Beispiel, wie man Werbung machen soll. Vieles war spontan und lebendig.»

Die Kooperation zwischen Russi und Subaru war mitverantwortlich für eine Revolution innerhalb des Automarktes. Vor der Markteinführung von Subaru betrug der Anteil vierradbetriebener Personenwagen lediglich 0,9 Prozent. Heute liegt er bei 49 Prozent.

Über die Nachfolge seines populärsten Botschafters will sich Walter Frey keine Gedanken machen: «Solange wir beide da sind, gibt es keinen Anlass, etwas zu ändern. Unsere Kooperation hat kein Ablaufdatum.» Und falls Russi doch noch einmal Lust verspüren sollte, einen Jaguar zu fahren, hätte Frey auch damit kein Problem: «Bernhard stehen alle unsere Autos zur Verfügung», sagt Frey — auch in dem Wissen, dass ein marketingtechnischer U-Turn gar nicht mehr möglich ist. Denn der «Suba-Russi» gehört zum hiesigen Strassenverkehr wie der Gotthard zu den Zentralschweizer Alpen oder der Fudschijama zu Japan.

Flotter Dreier am Genfer Autosalon 2005: Russi und sein allererster Subaru gemeinsam mit DJ Bobo.

Bernhard Russi war meist schneller als die Konkurrenz. Die Nachtruhe trat er jedoch nicht immer als Erster an. Zeitnehmer Peter Hürzeler schaute auch im Après-Ski auf die Uhr.

16
DIE ZEITEN ÄNDERN SICH

Für Augustinus war sie eine Illusion, für Immanuel Kant eine Kopfsache. Die meisten Menschen rennen ihr hinterher – und sind sich einig: Sie ist kostbar. Im Sport trennt sie Sieger von Verlierern: Die Zeit. Und das Beste vorweg: Sie ist in Schweizer Hand. Seit 86 Jahren wachen helvetische Chronografen über den olympischen Sekundenschlag. Der Herr der Zeit heisst Peter Hürzeler. Als im Februar 2018 die Winterspiele in Pyeongchang eröffnet wurden, war der 79-jährige Solothurner als «Omega Timing Board Member» zum 19. Mal bei Olympischen Spielen dabei.

In seiner Funktion hat Hürzeler fast alle grossen Skirennfahrer der vergangenen 50 Jahre kennengelernt und musste sich dabei so manche Anfeindungen und Unterstellungen anhören: «Nicht alle akzeptieren, was die Zeitmessung anzeigt.» Bei der Hahnenkammabfahrt 1969 in Kitzbühel machten beispielsweise Verschwörungstheorien die Runde. Irritierenderweise gingen die Schweizer Uhren

(damals Longines) falsch – und der Schweizer Jean-Daniel Dätwyler musste seinen Sieg dem Österreicher Karl Schranz überlassen. Als Krisenkommunikator für Longines war damals ein gewisser Joseph Blatter gefordert. Der spätere Fifa-Präsident, seinerzeit als Sport- und Marketing-Chef der Schweizer Uhrenmarke im Ski-Weltcup unterwegs, trat vor die aufgebrachten Journalisten und erklärte kühl und gelassen: «Die Zeiten ändern sich.» Später wurde Blatter in Kitzbühel mit der goldenen Nadel des Hahnenkamms ausgezeichnet.

Bernhard Russi gewann am Hahnenkamm nie den ersten Preis. Trotzdem ist er den Herren der Zeit in bester Erinnerung geblieben. «Er war immer überlegt und besonnen», erinnert sich Hürzeler, «es wäre ihm nie in den Sinn gekommen, unsere Arbeit anzuzweifeln oder über die Zeit zu streiten.» Andere agierten weniger zurückhaltend. Als im Slalom von Wengen 1970 Heini Hemmi und Walter Tresch mit hohen Startnummern in die Top Ten fuhren,

Der Herr der Zeit: Peter Hürzeler kennt den Sekundenschlag des Sports wie kein Zweiter.

113

witterten viele (ausländische) Zuschauer und Betreuer Lug und Betrug. Hürzeler schmunzelt noch heute darüber: «Dabei können wir immer alles beweisen.» Allerdings war die Zeitmessung damals noch ein eher rudimentäres Handwerk. Die Gesamtzeit wurde durch die Tageszeit beim Start sowie derjenigen beim Ziel eruiert. Als «Transporteur» der Botschaft diente ein Telefonkabel, das am Lauber-

beispielsweise in der Damen-Abfahrt bei den Winterspielen 2014 in Sotschi, als die Schweizerin Dominique Gisin und die Slowenin Tina Maze ex aequo auf den ersten Platz fuhren. Geteiltes Gold ist doppeltes Glück — könnte man meinen. Doch die Journalisten wollten es genau wissen: «Ich musste 18 Interviews zu dieser Frage geben», erzählt Hürzeler lachend, «aber ich konnte auch nicht weiterhelfen.

Im gemeinsamen Hotel ging es nach Einbruch der Dunkelheit fröhlich zu. Bernhard Russi machte dabei als Klavierspieler eine hervorragende Figur.

horn über die Zentrale in Lauterbrunnen verlief. Eine Zwischenzeit konnte — wenn überhaupt — nur im untersten Streckenbereich gestoppt werden, denn das Kabel musste von Hand zur besagten Stelle gezogen werden.

Tempi passati. Heute müssen auf jeder Abfahrt fünf Zwischenzeiten geliefert werden. Die Fernsehkommentatoren erhalten noch weitere Angaben. Und die Schweizer Uhren werden immer genauer. Bei den Winterspielen in Pyeongchang wiesen sie eine Frequenz von 26 Millionen Schwingungen pro Sekunde aus. Zum Vergleich: Der Quarz einer handelsüblichen Swatch schwingt 25 000 Mal pro Sekunde. «Heute liesse sich die Zeit auf eine Mikrosekunde berechnen», sagt Hürzeler.

Dass dies nicht gemacht wird, liegt an den Reglements der Verbände. Im Ski gelten Hundertstelsekunden als kleinste Einheit. Im Schlitteln und Eisschnelllaufen dagegen sind es Tausendstelsekunden. Um im Eisschnelllauf den Sieger oder die Siegerin zu ermitteln, lässt der Zielfilm keinen Interpretationsspielraum zu: Er liefert 10 000 Bilder für die letzte Sekunde. Ein «totes Rennen» ist in diesem Sport ebenso wenig möglich wie in der Leichtathletik. Auch im Skisport entscheiden oft Zentimeter — wie

Ist die Messeinheit erst mal auf Hundertstelsekunden justiert, lassen sich die Tausendstel nicht mehr ableiten.» Spricht Hürzeler die ganze Wahrheit — oder leistet er sich eine diplomatische Ausrede? Sein schelmisches Lächeln lässt tief blicken.

Bernhard Russi war den technischen Errungenschaften gegenüber immer sehr offen eingestellt: «Er interessierte sich für unsere Arbeit und diskutierte gerne mit. Für uns war er immer eine wichtige Vertrauensperson», erzählt Hürzeler. Grundsätzlich orientiert sich die Technik an Bedürfnis und Meinung der Athleten. So gehörte beispielsweise Russi zu den Befürwortern eines «Sprintpreises» für die schnellsten Starter im Weltcup. Und als er zusammen mit René Berthod und Söre Sprecher in den 1980er-Jahren Trainingskurse für junge Abfahrer organisierte, erkundigte er sich bei Hürzeler nach der Möglichkeit von Geschwindigkeitsmessungen. Der Zeitnehmer erfüllte den Wunsch. Dadurch konnten aufstrebende Talente wie Franz Heinzer, Bruno Kernen, Pirmin Zurbriggen und Didier Cuche (alles spätere Weltmeister) erstmals schwarz auf weiss sehen, wie schnell sie unterwegs waren: «Das hat grossen Eindruck gemacht», erinnert sich Peter Hürzeler.

Swiss Timing ist immer neutral: Hier halten die Schweizer Uhren den österreichischen Doppelsieg in der WM-Abfahrt 1974 in St. Moritz fest. ⊙

Heute gehören solche Dinge im alpinen Skirennsport zur Normalität. Im Winter 2017/2018 waren Abfahrer(innen) erstmals mit einem Transponder am Ski unterwegs, der sowohl die Geschwindigkeit als auch die Länge der Sprünge während der gesamten Fahrt misst. Doch so ganz will man sich selbst im Zeitalter der Digitalisierung nicht auf die Technik verlassen. Der Internationale Skiverband schreibt in seinem Reglement vor, dass jeweils zwei Zeitrichter die Fahrten von Hand stoppen.

Jenseits von Piste und Zielgelände galt früher sowieso eine andere Zeitrechnung, bestätigt Peter Hürzeler amüsiert. Im gemeinsamen Hotel sei es nach Einbruch der Dunkelheit jeweils fröhlich zugegangen. Bernhard Russi habe dabei vor allem als Klavierspieler eine hervorragende Figur gemacht: «Auch in dieser Disziplin war er der Beste.» Mit dem Zapfenstreich habe es der schnelle Urner dagegen nicht immer so genau genommen: «Er war in der Regel nicht der Erste, der ins Bett ging», umschreibt Hürzeler den Zieleinlauf. Die grösste Ausdauer im Nachtslalom bewiesen — gemäss Swiss Timing — andere: 1. Werner Grissmann. 2. Franz Klammer. Mit anderen Worten: Mit den Österreichern musste man auch lange nach der Siegerehrung noch rechnen.

Baggerarbeiten für den olympischen Traum. Wie Bernhard Russi als Pistenbauer die Wintersportlandschaft neu konstruiert.

DAS RUSSISCHE WINTERMÄRCHEN
UND DER CHINESISCHE TRAUM

Budgetüberschreitung, Umweltzerstörung, Verletzung der Menschenrechte. Die Olympischen Winterspiele in Sotschi mit ihrem 50 Milliarden-Franken-Aufwand und dem propagandistischen Hintergrund schafften es als sportpolitischer Albtraum ins öffentliche Bewusstsein. Unweit des Schwarzen Meeres — auf dem Breitengrad von Nizza — wurde ob Krasnaja Poljana ein neues Skigebiet aus dem Boden gestampft. Doch die negative Wahrnehmung greift zu kurz. Sotschi kann auch als positives Beispiel für eine langfristige Planung, eine klare Strategie und die Nachhaltigkeit eines sportlichen Grossereignisses genommen werden.

Dort, wo früher ein einsamer hölzerner Sessellift vor sich hin gammelte, kann heute auf weit über 100 Pistenkilometern bis auf eine Höhe von 2300 Metern über Meer Ski gefahren werden. Das Gebiet um Sotschi gilt als Vorzeigemodell, wie ein neuer Wintersportort erschlossen werden kann — mit deutlicher Auswirkung bis in die Alpen. Mittlerweile verbringen die zahlungskräftigen russischen Wintertouristen ihre Skiferien nicht mehr im Engadin, in Tirol oder in den französischen Savoyen. Sie ziehen ihre Spuren durch den kaukasischen Schnee und das südrussische Nachtleben.

Die Stadt, in die einst die kommunistische Elite zum Kuren kam und Josef Stalin Stammgast in einem Sanatorium war, übt auch auf die Mächtigen von heute eine grosse Anziehungskraft aus. Die Oligarchen und Politfunktionäre suchen neben Sonne, Meer und weltlichen Freuden die Nähe zur Obrigkeit. Präsident Wladimir Putin verbringt in Sotschi regelmässig seinen Urlaub und empfängt dort gerne ausländische Gäste.

Der ewige russische Präsident war es, der am IOC-Kongress am 4. Juli 2007 in Guatemala-Stadt

Pistenstudium im Kaukasus. Russi erklärt dem Schweizer Cheftrainer Osi Inglin die Ideallinie der Olympia-Abfahrt von Sotschi.

117

das Rennen zugunsten der russischen Kandidatur entschied. Dabei beging er – aus russischer Optik – einen Tabubruch. Putin richtete seinen Appell in englischer Sprache an die IOC-Delegierten. Dies hatte noch kein russisches (oder sowjetisches) Staatsoberhaupt getan. Sotschi gewann im zweiten Wahlgang gegen Pyeongchang mit 51:47 Stimmen. Salzburg war bereits in der ersten Runde auf der Strecke geblieben.

Nun hatte Putin die Spiele – aber kein Skigebiet. Doch der russische Magistrat lächelte die Bedenken der Kritiker gelassen weg. Denn er hatte schon ein Jahr vor dem Zuschlag Bernhard Russi als Berater und Pistenbauer hinzugezogen. Und spätestens seit den Winterspielen von Albertville 1992 gilt der Urner als Vorreiter des modernen Streckendesigns. In Sotschi lieferte Russi sein Meisterstück. Er gestal-

Damit begannen die Probleme aber erst richtig. Denn die Kommunikation mit den russischen Arbeitern war anspruchsvoller als das Ziel-S in Wengen und die Traverse in Kitzbühel zusammen. Nicht nur sprachlich lagen Welten zwischen Chef und Angestellten – auch sachlich und fachlich bewegte man sich in anderen Sphären. Der Name Russi half dabei nicht weiter. Dieser stammt aus Italien – und nicht aus Russland.

Guter Rat war teuer. Doch die Rettung wurde aus Davos eingeflogen, in Form von Paul Accola und dessen legendären Fähigkeiten, einen Menzi-Muck-Bagger zu bedienen. Der frühere Gesamtweltcupsieger wollte den russischen Arbeitern zeigen, wie ein Bagger zu steuern war – vergeblich: «Ich erklärte einem russischen Arbeiter, wie er mit dem Bagger umgehen muss. Er kam jedoch nicht einmal den

Putin hatte die Spiele – aber kein Skigebiet. Doch der russische Magistrat lächelte die Bedenken der Kritiker gelassen weg.

tete sämtliche olympischen Skipisten und legte so das Fundament für das grösste russische Skigebiet.

Dabei begann er im wahrsten Sinne des Wortes bei null. Als Russi 2006 zum ersten Mal das unwegsame Gelände im Nordkaukasus besichtigte, befand sich der olympische Traum lediglich auf dem Reissbrett. Die Realität sah anders aus. Unwegsames Gelände, steile Abhänge, schroffe Felsen, Wald, Gestrüpp, Dornen. Weil es am Berg weder Strassen noch Seilbahnanlagen gab, wurde Russi mit dem Helikopter nach oben geflogen. Mit Karte, Kompass und Taschenlampe bahnte er sich den Weg durch die russische Wildnis. Anhand von Karten und Höhenkurven eruierte er die Strecke, hängte farbige Bänder an die Bäume, um die mögliche Linie zu markieren. Wieder und wieder kraxelte er den Hang hoch und wieder runter. Dann stand der Streckenverlauf. Schliesslich rückten die Baumaschinen an.

Hang hinunter, durch einen Bach und auf der anderen Seite wieder hoch. So musste halt ich ran», erzählte Accola später den Schweizer Medien.

Gesagt, getan. Accola baggerte und baggerte – und die Russen machten es ihm nach. So entstand auf einer Fläche von 43 Hektar sukzessive ein neues Skigebiet. Die Umweltschützer schrien auf: Allein für eine Autobahn- und Bahntrasse zwischen Sotschi und dem Skigebiet Krasnaja Poljana wurden 242 561 Bäume gefällt, teilweise mitten in einem ehemaligen Naturschutzgebiet. Russi steht dazu, hält aber fest: «Gleichzeitig wurden fünfmal mehr Bäume in einem nahegelgenen Gebiet gepflanzt.»

Bis die Strecke in den Berg planiert war, flog Russi rund 20-mal in den Kaukasus. Auf seinem Handy hatte er die Nummer zum Vorzimmer von Wladimir Putin gespeichert – für den Notfall. Russi benutzte sie nur einmal. Als der ihm zugewie-

Nun hat Wladimir Putin sein neues Skigebiet bei Sotschi – und macht im März 2012 zusammen mit Dimitri Medwedew, damals russischer Präsident, gleich selber eine Probeabfahrt. ›

sene Helikopterpilot trotz des prächtigen Wetters nicht fliegen wollte, kontaktierte der Schweizer den Kreml. Dort wurde ihm der Grund für die Arbeitsverweigerung des Piloten mitgeteilt. Weil Wladimir Putin an diesem Tag selber in Rosa Kutor Ski fuhr, durfte kein Fluggerät abheben. Russi wurde zu Putin durchgestellt, und der sagte spontan: «Bernhard, komm doch auch!» Doch Russi winkte aus Pflichtbewusstsein ab: «Ich muss arbeiten.» Daraufhin erteilte Putin die Flugbewilligung auf dem kurzen Dienstweg. Wenig später hob der Helikopter mit dem Schweizer ab.

So kontrovers die Winterspiele in Sotschi noch heute diskutiert werden, so deutlich muss man sagen: Putins Plan ging auf. Aus der früheren Sommerstadt Sotschi ist eine Ganzjahresdestination geworden – mit regelmässigen Besuchen der sportlichen Elite. Seit 2014 wird der Formel-1-GP von Russland hier ausgetragen, bei der Fussball-WM 2018 war die Stadt am Schwarzen Meer Austragungsort von sechs Partien. Darüber freut sich mit Bernhard Russi auch einer seiner alten Konkurrenten aus Österreich: Karl Schranz hatte die Gondelbahnen in Krasnaja Poljana vermittelt.

Die Expansionstour des Internationalen Skiverbands hatte mit den Winterspielen in Sotschi aber erst so richtig begonnen. Pyeongchang in Südkorea (2018) und Peking (2022) waren oder sind die

nächsten Etappen in der erhofften Generierung von neuen Märkten. Und wenn es darum geht, eine wettkampfwürdige Abfahrt zu gestalten, führt kein Weg an Bernhard Russi vorbei.

In Südkorea hatte der Urner aber ein grundsätzliches Problem. Das Profil des Landes trotzt jedem Schweizer Wanderer höchstens ein müdes Lächeln ab. Der höchste Berggipfel des Landes liegt auf 1915 Metern über Meer, der Gariwang Mountain, der Austragungsort der Männer-Abfahrt, ragt 1370 Meter in die Höhe. Nach alpenländischem Verständnis sind das bessere Bodenwellen.

Doch Russi liess sich weder durch solche Bedenken abhalten noch durch die Tatsache, dass die Gebirgszüge von dichtem Urwald bewachsen waren. 30-mal reiste er nach Korea, bis die Pisten rennbereit waren. Dass er trotz topografischer Limite perfekte Arbeit leistete, zeigte das Klassement der olympischen Männer-Abfahrt: 1. Aksel Lund

gnierter Nachfolger Didier Défago begleitete ihn in der Schlussphase der Streckenplanung.

Bis die Strecke rennbereit war, mussten Bauarbeiter und Holzfäller ans Werk. Wie in Sotschi, machten die südkoreanischen Olympiaarchitekten vor einem Naturschutzgebiet nicht halt: 58 000 Bäume wurden aus dem Weg geräumt. Der Wald rund um den Gariwang galt für Südkoreaner als heilig, die Bäume waren teilweise bis zu 500 Jahre alt.

Wie in Sotschi, machten die südkoreanischen Architekten vor einem Naturschutzgebiet nicht halt: 58 000 Bäume wurden aus dem Weg geräumt.

Svindal, 2. Kjetil Jansrud. 3. Beat Freuz. Die drei besten Speedspezialisten der Gegenwart gewannen die Medaille — mit Zeiten innerhalb von 18 Hundertstelsekunden. Ein besseres Zeugnis für die Arbeit des Pistenbauers hätte es nicht geben können.

Gestaltet Russi eine neue Strecke, geht er immer gleich vor: Er plant die Piste von oben nach unten. In Südkorea sondierte er mehrere Gipfel als Startgelände. Das Ziel aber war vorgegeben. Die lokalen Begebenheiten bestimmten auch sonst sein Vorgehen. Am Olympiaberg Gariwang führen die meisten Hänge in eine Senke — für Skifahrer eine Sackgasse. Nur auf einer Falllinie war freie Fahrt möglich. So fuhren Männer und Frauen mehrheitlich auf derselben Piste um Olympiagold. In Südkorea erhielt Bernhard Russi erstmals Unterstützung. Sein desi-

Schon in Sapporo war man im Vorfeld der Winterspiele 1972 ohne Zurückhaltung vorgegangen — für eine Rennstrecke notabene, die mittlerweile längst renaturiert ist.

Russi negiert dieses Thema nicht. Er betont aber auch, dass in Südkorea ursprünglich 120 000 Bäume hätten gefällt werden müssen: «Weil wir uns aber entschlossen, nur eine Piste für die Männer- und Frauen-Rennen zu bauen, konnte dieser Eingriff reduziert werden.» Grundsätzlich meint er: «Wir müssen die Natur schützen. Aber der Mensch ist Bestandteil der Natur.» Dem österreichischen Kurier sagte er nach der Fertigstellung der Piste in Südkorea: «Wenn Sie die Olympia-Abfahrt in Südkorea sehen, dann können Sie einen besonderen Baum entdecken. Angeblich sind Frauen, die keine Kinder

Für die olympischen Winterspiele in Pyeongchang mussten viele Hektar Wald abgeholzt werden.

kriegen können, zu diesem Baum gepilgert und haben dort übernachtet. Und dann sind sie plötzlich schwanger geworden. Darum haben wir die Piste verlegt. Ich habe Höllenrespekt vor der Natur.»

Trotz nachwuchsfördernden Bäumen – in Südkorea wurde für die olympischen Skirennen auch allerhand Geld vernichtet. 60 Millionen Euro soll die drei Kilometer lange Piste gekostet haben. Russi aber ist überzeugt, dass auch dieses Projekt nachhaltig sein wird: «Die Provint Gangwon wollte Olympische Spiele, um den Wintertourismus zu fördern.«

Russis nächstes Grossprojekt heisst Peking 2022. Die chinesische Metropole ist die erste Stadt, die Sommer- und Winterspiele austrägt. Der Grund dafür liegt weder in der chinesischen Sporttradition noch in den attraktiven Skigebieten. Geld regiert die (Sport-)Welt. Und in diesem Mechanismus spielt China eine immer wichtigere Rolle. Es sind chinesische Investoren, die sich Fussballklubs in Italien und England fast im Tagesrhythmus unter den Nagel reissen, die in alle attraktiven Märkte drängen. Der Mann, der diese Entwicklung befeuert, ist Präsident Xi Jinping. Er hat sich nicht nur auf Lebzeiten wählen lassen, sondern speist fast unbegrenzte Mittel ins Sportsystem ein. Dies weckt auch Fantasien in Europa. Swiss-Ski beispielsweise ist einen Kooperationsvertrag mit dem chinesischen Skiverband eingegangen. Der Hintergrund liegt auf der Hand: In keinem anderen Land ist mehr wirtschaftliches und sportliches Potenzial vorhanden wie im bevölkerungsreichsten Staat der Erde mit seinen rund 1,4 Milliarden Einwohnern. Dies setzt den Massstab an Bernhard Russi. Die wichtigste Aufgabe steht dem Schweizer Pistenbauer noch bevor.

Der mehrfache Goldmedaillengewinner
Jean-Claude Killy nannte ihn den »Picasso des Skisports«.
Doch die höchsten Weihen erhielt Bernhard Russi
erst am Lauberhorn erteilt.

DER RUSSI-SPRUNG

Bernhard Russi war seiner Zeit immer einen Schritt voraus. Bereits 1976 gründete er die Firma «Alpin Consult AG». Zunächst betrieb er unter diesem «Dach» in Andermatt ein Hotel und eine Diskothek. Während der 1980er-Jahre betrat er ein Geschäftsfeld, das für ihn zukunftsweisend sein sollte. Im Rahmen seines Mandates als technischer Berater der FIS wurde ihm die Verantwortung über die Gestaltung neuer Abfahrtspisten übertragen. Jean-Claude Killy bezeichnete Russi deshalb als «Picasso des Skisports». Seit der Weltmeisterschaft in Are war Russi bei praktisch allen Grossanlässen als Pistenbauer gefragt. Rund zwanzig Abfahrtsstrecken stammen aus seiner Ideenküche.

Bemerkenswerterweise trägt aber ausgerechnet eine Stelle auf einer nicht von ihm gestalteten Strecke seinen Namen – der «Russi-Sprung» auf der Lauberhornabfahrt in Wengen. Dieser Sprung war weder ein Projekt noch eine konkrete Idee. Und anders als die «Minschkante», das «Österreicherloch» oder der «Canadien Corner» verdankt er seinen Namen nicht einer sportlichen Havarie. Trotzdem musste Russi leer schlucken, als er 1989 vom Speaker hörte: «Assinger beim Russi-Sprung schwer gestürzt.»

In dem Buch «Lauberhorn – die Geschichte eines Mythos», liefert er die Erklärung, wie besagte Stelle ihren Namen erhielt: «Für die Fernsehsendung ‹Sport Aktiv› suchte ich im Frühjahr 1988 einen idealen Sprung für technische Aufnahmen. Den Ansatz fand ich auf der Lauberhornschulter, und ich liess den Sprung mit viel Schnee aufbauen. Vor dem nächsten Rennen entschied Fredy Fuchs, diesen Sprung unter dem Arbeitstitel ‹Russi-Sprung› in die Strecke zu integrieren. Da die Distanz für eine problemlose Landung nur 40 Meter beträgt und die Sprünge danach im Flachen enden, ist die Anpassung der Sprungkante und des Einfahrtsgefälles eine recht heikle Angelegenheit – wie Armin Assinger schmerzhaft erfahren musste.»

**Anders als das «Österreicherloch»
oder der «Canadien Corner» verdankt der Russi-Sprung
seinen Namen nicht einer sportlichen Havarie.**

**Die Fernsehrevolution.
Als Russi vom Skisport zurücktritt, kehrt er praktisch postwendend in den Weltcup-Zirkus zurück. Mit Kamera und Mikrofon trägt er das Renngefühl in die Schweizer Stuben.**

18
VOM TV-NOVIZEN ZUM RINDERZÜCHTER

1978. Der Pole Karol Wojtyla wird als Johannes Paul II. zum Papst gewählt. In den USA strahlt der Fernsehsender CBS die erste Folge der Serie «Dallas» aus. Reinhold Messner und Peter Habeler besteigen als erste Menschen den Mount Everest ohne Sauerstoffgerät. Im Finale der Fussball-WM in Buenos Aires bezwingt Argentinien die Niederlande mit 3:1.

Und in Val Gardena nimmt Bernhard Russi am 16. Dezember zum ersten Mal als Co-Kommentator des Schweizer Fernsehens in einer Reporterkabine Platz. An der Seite von Karl Erb verfolgt der TV-Novize die Abfahrt, die von dem Österreicher Josef Walcher gewonnen wird. Die Schweizer Peter Müller und Walter Vesti belegen die Plätze zwei und drei. Es ist ein Rennen, das keine grossen Spuren in der Sportgeschichte hinterlässt. Medial hingegen ist es

der Auftakt zu einer Epoche. Die nächsten knapp 40 Jahre sollte Bernhard Russi zum festen Bestandteil der Schweizer Fernsehcrew gehören – und den TV-Journalismus prägen wie nur ganz wenige Sportler vor und nach ihm.

Dank seines Charismas und seiner Eloquenz erhält die Rolle des «Fachexperten» in den Medien eine ganz neue Bedeutung. Als Erster hatte der Radstar Hugo Koblet diesen Part in den 1960er-Jahren fürs Schweizer Radio ausgefüllt. Russi hebt die Rolle des Analytikers in den kommenden Jahrzehnten jedoch auf eine neue Wahrnehmungsstufe – und schafft damit ein neues Berufsfeld für zurückgetretene Spitzensportler. Mittlerweile scheint es bei gewissen Sportveranstaltungen fast mehr TV-Experten als Athleten zu geben. Doch Quantität bedeutet nicht zwingend Qualität. An Russis Niveau kommt (in der Schweiz) keiner ran. Als das

Dream-Team: Matthias Hüppi (links) und Bernhard Russi prägen die Schweizer Skiberichterstattung während über 21 Jahren.

Schweizer Fernsehen 2018 den Vorarlberger Marc Girardelli als Nachfolger beruft, hagelt es Beschwerden und Kritiken. Russis Schatten ist zu lang. Nach wenigen Monaten ist Girardelli – mit fünf Gesamtweltcupsiegen einer der erfolgreichsten Skifahrer der Geschichte – seinen TV-Job wieder los.

Auch Russi betrat seinerzeit keine gemähte Wiese. Er musste sich Akzeptanz und Respekt hart erarbeiten – besonders intern. Denn Karl Erb, die schillerndste TV-Figur seiner Zeit und in Sapporo vom «Blick» mit der Goldmedaille für den besten

seinen Juniorenzeiten im Skisport nicht mehr gekannt hatte. Dabei stehen sich Erb und Russi auch privat nahe, denn Russi ist Pate von Erbs Tochter Andrea.

Doch dem Co-Kommentator Russi stand Erb anfänglich sehr kritisch gegenüber – nicht weil er dem früheren Rennfahrer die Kompetenz oder Eloquenz absprach, sondern weil es ihm um journalistische Grundsätze ging. Der Doyen unter den Schweizer Sportreportern hat noch heute eine klare Meinung: «Eigentlich müsste der Reporter das Geschehen

1978 in Val Gardena: Karl Erb beim Interview mit Bernhard Russi.

Schweizer Reporter ausgezeichnet, hält vom fachmännischen Support wenig und setzt dem Novizen klare Leitplanken: «Du sprichst nur, wenn ich dir das Wort erteile. Und an den Knöpfen hantierst du schon gar nicht herum», soll er gesagt haben. Russi findet sich in einer Nebenrolle, die er seit

kommentieren und den Zuschauern die Bilder erklären. Der Experte käme dann zum Zug, wenn es um Detailfragen oder Hintergrundinformationen geht, die nur Insider kennen. Leider ist dies praktisch nie mehr der Fall. Oft plaudern beide das Gleiche – und man merkt gar nicht mehr, wer Reporter und wer

Experte ist. Spätestens wenn bei einem Fussballmatch vier Experten und drei Reporter im Einsatz sind, ist das ein absoluter Blödsinn.»

Erb zog damals noch eine klare Linie. Er – und nur er – war der Chef am Mikrofon. Bernhard Russi fügte sich ohne zu murren in seine Rolle und feierte am Mikrofon ähnliche Erfolge wie auf der Piste. Gerade dank seiner Zurückhaltung und seinen präzisen und sachlichen Zwischentönen schuf er sich eine Glaubwürdigkeit, die ihn zur unverzichtbaren Grösse im Schweizer Sportjournalismus machen

mit einer Kamera in der Hand und einem Mikrofon am Helm. So erhielt auch der geneigte Zuschauer auf dem Wohnzimmersofa einen Eindruck, was die Fahrer leisten, welch Furcht einflössenden Abhänge sie sich herunterstürzen. Die wackligen Bilder und die von Atemgeräuschen abgehackten Worte verschärften die Dramatik zusätzlich. Bernhard Russi avancierte zum Mann für alle Fälle.

Mit Matthias Hüppi erhielt er Mitte der 1980er-Jahre den perfekten Partner am Mikrofon. Während Hüppi für die Übermittlung der Euphorie und des

«Oft plaudern beide das Gleiche – man merkt gar nicht, wer Reporter und wer Experte ist. Spätestens bei einem Fussballmatch ist das absoluter Blödsinn.»

Karl Erb

sollte. Seine Rolle als TV-Experte trug entscheidend dazu bei, dass er seine Popularität nach dem Rücktritt vom Spitzensport erhalten konnte.

Während viele seiner Kollegen mehr plaudern als sagen, beschränkte sich Russi – wie von Erb diktiert – aufs Fachmännische und Analytische. Mit seinen Expertisen und Einschätzungen vermittelte er auch den Laien ein Gefühl dafür, wie anspruchsvoll und komplex der Skisport ist. Gleichzeitig machte er den Sport auf einfache Art verständlich. Russi schien die Ideallinie exakter zu kennen als das gesamte Fahrerfeld. Selbst die für ihre Zurückhaltung bekannte «Neue Zürcher Zeitung» zog 2012 in einer TV-Kritik vor Russi den Hut: «Viele haben ihn kopiert, keiner hat ihn erreicht. Was Russi wert ist, zeigt ein Blick auf das österreichische Fernsehen, wo der ehemalige Skistar und Co-Moderator Armin Assinger herumbrüllt, als sässe er zu Hause auf dem Sofa.»

Russi liess nicht nur Worte sprechen. Er gilt als Erfinder der Kamerafahrt. Zwischen 1987 und 2003 bewältigte er die Abfahrtsstrecken vor dem Rennen

patriotischen Wir-Gefühls zuständig war, schaute Russi ganz genau hin, sezierte die Fahrten in ihre Einzelteile und orakelte, wie viel Zeit gerade «liegen geblieben ist». Erstaunlich oft hatte er recht.

Russi und Hüppi schienen sich blind zu verstehen und prägten über drei Jahrzehnte die Schweizer Skiberichterstattung. Russi spricht vom «intuitiven Verständnis» füreinander – selbst wenn sie sich lange nicht gesehen hatten. «Ich spürte schon zwei Sekunden vorher, was Matthias sagen wird. Wenn dies nach der langen Sommerpause jeweils auf Anhieb klappte, zeugte dies von bedingungslosem Vertrauen.» Auch Hüppi ist vom perfekten Zusammenspiel noch heute aufs Neue erstaunt: «Dass wir uns fast nie ins Wort fielen, war auch für uns immer wieder beeindruckend.»

Beide betonen, dass diese Harmonie auch aus der Spontanität gekommen sei. Es sei ein ungeschriebenes Gesetz gewesen, dass nicht allzu viel vorbesprochen werde, sagt Russi. Hüppi bestätigt: «Das meiste passierte an Ort und Stelle. Das von langer Hand Vorbereitete war ja am Tag danach meist schon Makulatur. Wenn das Rennen läuft, dann läuft es.» Als sich die Wege der beiden das erste Mal kreuzten, war das von Russi allerdings noch nicht bemerkt worden. Als rotbackiger Gymnasiast hatte Hüppi in den 1970er-Jahren seinen Onkel, Fernsehsportchef Martin Furgler, gebeten, bei Bernhard Russi um eine persönliche Widmung in dessen Biografie zu fragen. Gefragt, getan: Russi beförderte das Buch mit seiner Unterschrift zu einem Objekt der Zeitgeschichte.

Als das Duo bei der Weltmeisterschaft 2017 in St. Moritz seinen Abschied gab, kam dieses Ereignis einem Staatsakt nahe. Russi und Hüppi führten nach dem abschliessenden Slalom im Zielraum persönlich die Ehrenzeremonie für die Medaillengewinner Jean-Baptiste Grange, Fritz Dopfer und Felix

Die Freundschaft zwischen Russi und Hüppi hat die letzte gemeinsame Reportage überdauert. Als der Fernsehmann zu Beginn des Jahres 2018 das Präsidium des FC St. Gallen übernahm, kaufte Russi sofort ein paar Aktien des Klubs und stand seinem Wegbegleiter zumindest mental zur Seite. Hüppi erklärt: «Bernhard ist noch immer eine wichtige Stütze für mich. Wir tauschen uns regelmässig aus.»

Künftig soll die Zusammenarbeit zwischen den beiden auf ein ganz neues Fundament gelegt werden. Bereits nach seinem Abgang von der TV-Bühne hatte Russi gemeint: «Nun werden wir schottische Hochlandrinder züchten.» Was anfänglich wie ein Scherz tönte, könnte schon bald konkret werden. Die beiden haben im Zürcher Oberland Tiere gesichtet, die ihren Präferenzen entsprechen. Und im Urner

Als das Duo bei der Weltmeisterschaft 2017 in St. Moritz seinen Abschied gab, kam dieses Ereignis einem Staatsakt nahe.

Neureuther durch. Sämtliche Top-6-Fahrer standen Spalier. An den Bildschirmen schauten 560 000 Personen zu. WM-OK-Präsident Hugo Wetzel sagte: «Man wird euch vermissen.» Und Urs Lehmann, Präsident von Swiss-Ski und sonst ein eher kritischer Zeitgenosse, würdigte die TV-Männer in den höchsten Tönen. Die Angesprochenen wischten sich Tränen aus den Augen – und die «Aargauer Zeitung» schrieb: «Wie ein altes Ehepaar.»

An der standesgemäss einberufenen Medienkonferenz bekannte Hüppi ganz im Stil eines zurücktretenden Spitzensportlers: «Der Entscheid ist mir schwergefallen.» Doch nun sei der ideale Moment für den Schlusspunkt gekommen. Russi betonte das gute Zusammenspiel mit seinem Mit-Kommentator: «Aus Zusammenarbeit ist eine dicke Freundschaft entstanden.» Er freue sich schon auf seine ersten Winterferien, sagte Russi. «Ferien während der Skisaison: Das gab es einfach nie.»

Unterland könnte sich eine Option für das perfekte Weideland auftun. Bei Seedorf entsteht momentan ein zwei Hektar grosses Wattgebiet – ein neuer Lebensraum für seltene Vögel, Amphibien und Reptilien. Die Hochlandrinder würden dafür sorgen, dass der Schilfwuchs nicht überhandnimmt. Matthias Hüppi und Bernhard Russi als Rinderzüchter? Das würde Sinn machen: Hüppi könnte sich bei den Wiederkäuern auf einer semimeditativen Ebene von der Hektik des Fussballgeschäfts erholen. Und Bernhard Russi würde beweisen, dass er im Umgang mit vierbeinigen Kunden ebenso geschickt und souverän auftritt wie als Skifahrer, Fernsehkommentator und Werbebotschafter. Es wäre eine hochinteressante Horizonterweiterung und eine weitere erstaunliche Episode im Leben des ewigen Olympiasiegers.

Erfolge rufen normalerweise auch
Skeptiker auf den Plan. Bernhard Russi entkräftet
diese Haltung. Trotzdem macht auch er nicht
alle Menschen glücklich.

19

NEIDKULTUR, LIEBESSLALOM UND EINE HINTERTÜR

Bernhard Russi ist in der Schweiz in jeder Beziehung eine Ausnahmefigur. Seine Strahlkraft reicht weit über die Pistenränder und Zielräume hinaus. Doch sein Geschäftssinn und der Hang zur Selbstvermarktung wecken auch kritische Stimmen. Das Wirtschaftsmagazin «Bilanz» titelte im Januar 2013: «Der smarte Mischler», schob im Text nach: «mittlerweile ist Bernhard Russi fast auf zu vielen Seiten verbandelt», und lieferte mit den Medienhäusern Ringier und SRF, den Mode- bzw. Ski-Unternehmen Bogner und Völkl sowie der Andermatt Swiss Alps AG von Samih Sawiris einige Beispiele.

Doch die Kritik bleibt an der Oberfläche. Denn letztlich ist die Stimme des Volkes ausschlaggebend. Und die äussert sich fast immer zugunsten Russis. Trotz seiner grossen Popularität und Geschäftserfolge ist der Urner volksnah und zugänglich geblieben. Dies betonen sämtliche seiner

Weggefährten, Kollegen und Freunde. Gleichwohl weiss er ganz genau, auf welcher Bühne er was bieten muss: «Im kleinen Kreis ist Bernhard der gleiche Kumpel wie früher – im grossen Kreis weniger», sagt Walter Tresch. Der Urner zählt zu den ältesten und engsten Freunden Russis. Auch zu anderen Weggefährten hält Russi engen Kontakt – über die Landesgrenzen hinaus.

Hansi Hinterseer beispielsweise, der Skirennfahrer, der seinen Zenit erst als Schlagersänger erreichte, zählt ebenso zu seinem Freundeskreis wie der alte Rivale Franz Klammer. Von der nächsten Generation geniesst Didier Défago, der Abfahrts-Olympiasieger 2010, Russis Wertschätzung und Vertrauen. Der Walliser ist als Nachfolger im Pistenbau vorgesehen. Wie Russi hat er eine Lehre als Hochbauzeichner absolviert. Seit 2015 assistiert Défago seinem Kollegen beim Konzipieren von Rennstrecken. Das erste gemeinsame Grossprojekt ist die Olympia-

Russi, der smarte Sonnyboy. Mit seinem Image erntet Russi jedoch nicht nur Wohlwollen.

131

Abfahrt 2022 in Peking. Défago nennt Russi «meinen Lehrer» – und nimmt das gleich zurück, «weil Bernhard es gar nicht mag, wenn ich ihn so nenne».

Russi selber musste lernen, dass seine geschäftliche Aktivität in den Bergen nicht überall gleich gut ankommt. Als es um den Ausbau des Skigebietes Andermatt-Sedrun ging, stand ihm die Urner Pro-Natura-Geschäftsleiterin Pia Tresch gegenüber. Diese bewegte sich auf einem schmalen Grat: «Der Sympathieträger Russi hat es uns nicht leicht gemacht, gegen diese Sache anzutreten. Aber ich hätte von ihm erwartet, dass er sich stärker für die Natur einsetzt.» Der frühere FDP-Präsident Franz

Steinegger, eigentlich ein Kollege von Russi, distanzierte sich in dieser Angelegenheit, legte sein Amt als Präsident der Andermatt-Gotthard Sportbahnen nieder und liess via Medien ausrichten: «Ich wünsche Russi viel Glück. Er trägt eine hohe Verantwortung für das Projekt.»

Auch in Schweizer Ski-Kreisen polarisiert Russi durchaus. Einerseits werden seine Verdienste überall gewürdigt und die Erfolge anerkannt, seine Mehrfachfunktion (als Werbebotschafter, Pistenbauer, Berater und – vor allem – TV-Kommentator) weckte da und dort aber den Verdacht des Interessenskonflikts. Russi weist dies von sich: «Alles muss zu mir

passen. Ich lehne einen Grossteil der Anfragen ab.»
Was er macht, macht er richtig und konsequent:
«Bekanntheit allein ist kein Gütesiegel», sagt er. In
der Chefetage von Swiss-Ski lösten Russi Analysen
gleichwohl nicht immer ungeteilte Freude aus. Wird
man von einem (früheren) Kollegen kritisiert, tut
dies besonders weh.

Dazu kommt, dass in der Schweiz zu viel Erfolg per se verdächtig macht. Dabei spielt bei vielen Mitstreitern aber auch der Konkurrenzgedanke
mit. Schliesslich würde sich jeder gerne etwas von
Russis Kuchen abschneiden. Frei nach dem Credo:
«Mitleid kriegt man geschenkt, Neid muss man sich
verdienen.»

Offen wurde die Skepsis aber nie thematisiert.
Spricht jemand doch kritisch über Bernhard Russi,
tut er dies hinter vorgehaltener Hand – und mit dem
scharfen Hinweis, dass dies nicht für die Öffentlich-

Hausi Leutenegger vor dem Säntis
am Schwägalp-Schwinget 2012.

Spricht jemand doch kritisch über Bernhard Russi, tut er dies mit dem scharfen Hinweis, dass dies nicht für die Öffentlichkeit bestimmt sei.

keit bestimmt sei. Dass Russi in amourösen Angelegenheiten den einen oder anderen Slalom gefahren
sei, wird zwar immer wieder gerne behauptet, von
einer Zielkamera allerdings ist nichts Entsprechen-
des festgehalten. Und auch über seinen gelegentli-
chen Ausflügen ins Nachtleben liegt der Mantel der
Verschwiegenheit. Dabei kennt Bernhard Russi die
Abkürzung zu den süssen Seiten des Lebens noch
heute ganz genau. In einer Zürcher Szenebar an der
Langstrasse wird ihm jedenfalls diskret die Hinter-
tür geöffnet.

Doch an der Fassade gibt es nichts zu mäkeln.
Dies stellte auch die «Neue Zürcher Zeitung» fest.
Sie erteilte Russi im vergangenen Winter quasi die
mediale Absolution. Als die Gazette über die Leistungen der neuen Garde der Ski-Experten im Fern-

sehen urteilte, setzte sie den Titel: «Sehnsucht
nach Bernhard Russi.» Über der Sache freilich steht
Hans «Hausi» Leutenegger. Der Mit-Olympiasieger
von Sapporo trifft Russi gelegentlich auf dem Golfplatz. Im April 2018 sassen die beiden zudem auf
der Ehrentribüne des Ob- und Nidwaldner Kanto-
nalen Schwingfestes nebeneinander. Wem dabei
die Hauptrolle gehörte, weiss Hausi national ganz
genau: «Wenn Russi neben mir sitzt, sieht man ihn
gar nicht.»

Prominente Gäste unter sich: Adolf Ogi, Benhard Russi und Hansi Hinterseer anlässlich des
Eröffnungsturniers des Golfplatzes «Andermatt Swiss Alps Golf Course» im Juni 2016.

Seinen sportlichen und gesellschaftlichen Aufstieg
verdankt Bernhard Russi dem Bergabfahren.
In seiner zweiten sportlichen Leidenschaft geht's
bergauf in schwindelerregende Höhen.

20
ZU UNBEKANNTEN HÖHEN

Yosemite-Park, Kalifornien. Ein Ort von schier unwirklicher Urtümlichkeit, kaum zu bändigender Wildnis und grandiosen Gebirgsformationen. Am Talboden erzählen gewaltige Mammutbäume aus längst vergangenen Zeiten. Schwarzbären und Elche durchstreifen die lichten Nadelwälder. Und an keinem anderen Ort ragen die Granitwände der Sierra Nevada steiler und Furcht einflössender gen Himmel. Der Half Dome und El Capitan sind Monumente der Bergwelt. Sie zählen zu den grössten Herausforderungen im Klettersport. Von den Gletschern spiegelglatt abgeschliffen und durch ihre exponierte Lage anfällig für Witterungseinflüsse und Steinschläge, sind sie selbst für erfahrene Berggänger nur schwer einzuschätzen. Auch die technischen Errungenschaften der Moderne änderten daran nichts. Vom El Capitan heisst es: «Er ist so steil, so glatt und so einschüchternd wie vor tausend Jahren.»

Bernhard Russi sah die Wand erstmals zu Beginn der 1970er-Jahre. 1997 lag er so lange an ihrem Fusse, bis ihm klar war: «Da muss ich hinauf.» Einen ähnlichen Drang spürte er beim Betrachten der Eigernordwand. Diese senkrechte Klippe aus Fels, Schnee und Eis zog ihn magisch an. Er habe unbedingt in die Wand hineingewollt, so lange, bis er eines Tages die Möglichkeit dazu erhalten habe – allerdings auf einer sehr anspruchsvollen Route: «37 Seillängen, von morgens um drei bis abends um sieben Uhr. Da hast du Schwein, wenn du an einem Tag durchkommst, aber du musst durchkommen. Hier geht es nicht um den Gipfel, den haben wir gar nicht bestiegen, hier geht es darum, die Grenzen auszuloten.»

Die Sehnsucht nach der Grenzerfahrung am Fels symbolisiert die neue Leidenschaft eines Mannes, der seinen Ruhm und seinen Reichtum vor allem dem Bergabfahren verdankt. Für Russi steht die

Bernhard Russi (oben) und Hans Berger am Turm 2 des 2981 Meter hohen Salbitschijen im Furka-Gebiet.

135

«37 Seillängen, von morgens um drei bis abends um sieben.
Da hast du Schwein, wenn du an einem Tag durchkommst,
aber du musst durchkommen.»

Russi über seine Besteigung des El Capitan in Kalifornien

Er ist auch mit weit über 60 Jahren noch gelenkig wie eine Katze: Bernhard Russi 2012 beim Indoor-Klettern.

Faszination fürs Klettern in engem Zusammenhang mit seiner Heimat Andermatt. Durch seinen Vater und seinen Onkel, einem Bergführer, ging er schon als Kind auf anspruchsvolle Bergtouren mit – sommers wie winters. Seine erste grosse Klettertour auf dem Gletscherhorn-Südgrat bewältigte er im Alter von zwölf Jahren. In der Familie sei das ziemlich aufgebauscht worden, erinnert er sich, aber er habe es nicht als etwas Wahnsinniges empfunden: «Das war eine mittelschwere Klettertour», relativiert Russi seine juvenile Leistung.

Den Antrieb für die Gipfelbesteigung bezeichnet er als Mischung zwischen einer inneren Sehnsucht und der Lust, die eigenen Grenzen auszuloten. Russi nimmt das Matterhorn als Beispiel, einen Berg, der ihn während seines ganzen Lebens begleitete, weil er oft in Zermatt trainierte: «Wenn du den Berg jeden Tag anschaust, entsteht irgendwann der Wunsch, ihn anzufassen und zu erfahren, wie er wirklich ist. Man will mit ihm Bekanntschaft schliessen. Das lässt sich vielleicht mit einer schönen Frau vergleichen.» Der zweite Aspekt sei die Möglichkeit der Grenzerfahrung, für die die Bergwelt stehe. Bernhard Russi suchte diese Erfahrungen auch nach seinem Rücktritt vom Spitzensport ganz bewusst. Er gehöre zu den Menschen, die das brauchen: «Man will wissen: Wie weit kann ich gehen, wozu bin ich fähig, wann muss ich umkehren – denn dies gehört ja auch dazu.» Könnte er diese Erfahrungen nicht mehr machen, würde ihm etwas Existenzielles fehlen. Russi spricht von Langeweile, die ihn vermutlich überkommen würde: «Leute, die das Glück haben, ausserordentliche Leistungen zu erbringen – Spitzensportler, Schauspieler –, die brauchen das immer wieder.»

Auch in anderen Lebensbereichen ist Russi der Wettkämpfer geblieben. Egal, wie alt man werde, man dürfe nie aufhören, die Grenzen auszuloten. Wenn er sich sagen würde, vier Alpenpässe mit

forderung Schritt für Schritt, Zug um Zug meistern. Im Bergsteigen sei immer der nächste Griff der wichtigste. Russi sieht auch Parallelen zum Skirennfahren: «Man startet ja nicht von null auf hundert, man tastet sich langsam vor, findet Bestätigung. Als ich das erste Mal in der ersten Gruppe der Weltcup-Abfahrer startete, sagte ich mir: ‹Jetzt musst du wirklich keine Angst mehr haben, jetzt gehörst zu den Besten der Welt. Und wenn jemand hier hinunterfahren kann, dann sind es wir.› Bereits in seiner Kindheit habe er nach diesem Prinzip gelebt und gehandelt. Russi erinnert sich an seine erste Skifahrt. Mutterseelenallein sei er einen Hang hochgestapft und habe versucht, gerade hinunterzufahren. Sobald ihm das gelungen sei, startete er zehn Meter weiter oben. Erzählt habe er niemandem davon: «Sonst hätte ich vielleicht zu Hause eine Ohrfeige gekriegt.»

Die stete Steigerung sei allerdings nicht immer das richtige Rezept. Es gehöre genauso dazu, dosieren zu können, wenn die Gefahr zu gross werde. «Das müssen die Fahrer auch heute noch, selbst wenn sie es nicht zugeben», sagt Russi und nennt

«Wenn du den Berg jeden Tag anschaust, willst du irgendwann erfahren, wie er wirklich ist. Das lässt sich vielleicht mit einer schönen Frau vergleichen.»

dem Velo, das mache er jetzt nicht mehr, weil er siebzig sei, wäre dies ein absoluter Blödsinn. Russi hat eine andere Einstellung: «Was, Kollegen, ihr macht vier Pässe? Ich komme mit! Wenn ich dann beim dritten Aufstieg ans Limit gerate, dann weiss ich, hier liegen meine Grenzen.»

Das Klettern und dessen technische und mentale Herausforderung betrachtet Bernhard Russi als Metapher des Lebens. Es gehe darum, im Hier und Jetzt zu leben und sich voll auf den Moment zu konzentrieren. So lasse sich die grösste Heraus-

den norwegischen Ausnahme-Abfahrer Aksel Lund Svindal als Beispiel: «Er wählte in Kitzbühel eine Sicherheitslinie an der Stelle, an der es ihn im Jahr zuvor zerlegt hatte. Das finde ich sehr vernünftig.»

Der Klettersport besitzt für Russi eine schon fast meditative Wirkung. So sei das Besteigen eines Gipfels für ihn eine innere Erfüllung, die er mit niemandem teilen müsse: «Ich muss es nachher niemandem erzählen, ich mache auch keine Selfies. Ein Kollege berichtete mir, dass sich die Kräfte, die von einem Berg ausgehen, nach oben hin bündeln und stärker werden. Ich ertappe mich heute ab und zu dabei, dass ich den obersten Punkt eines Gipfels umarme.» Beim Bergsteigen gehe es immer um den Gipfel, sagt Russi. Es müsse nicht der Mount Everest sein: «In Bhutan habe ich einmal wochenlang darum gekämpft, die Bewilligung für die Besteigung eines Gipfels zu bekommen, der nur knapp 6000 Meter hoch war. Das Gipfelerlebnis ist wichtig für mich.»

Wer hoch hinaus will, geht das Risiko des Absturzes ein. Der Schweizer Weltklasse-Bergsteiger Ueli Steck sagte am 30. März 2017 in einem Interview mit dem «Tages-Anzeiger»: «Scheitern heisst für mich: Wenn ich sterbe und nicht heimkomme.» Einen Monat später erhielten seine Worte einen erschütternden Realitätsbezug. Im Anlauf, die Gipfel des Mount Everest (8848 m) und Lhotse (8516 m) zu besteigen, verunglückte Steck tödlich.

Russi kennt die Gefahr — und trotzdem (oder deshalb) blendet er sie aus. Den Gedanken des Absturzes müsse man abhaken. Es sei ähnlich wie beim Betreten eines Flugzeuges. Man wolle nicht daran denken, dass die Möglichkeit des Absturzes bestehe. Beim Free Climbing sei der Sturz jedoch

ist als ich. In Kitzbühel gibt es auch keine Zwischensicherungen wie beim Klettern.»

Doch in den Bergen hat jede Sicherheitsmassnahme ihre Grenzen. Denn die Natur lässt sich nie kontrollieren. Michèle Rubli, Russis erste Ehefrau, kam bei einem Lawinenunglück ums Leben. Und auch Russi selber verbindet seine gefährlichste Erfahrung am Berg mit einem Lawinenniedergang Ende der 1970er-Jahre am Pazolastock — an einem Karfreitag. «Auf dem gegenüberliegenden Hang fuhren viele Tourenfahrer, es sah wunderbar aus», erinnert sich Russi. «Am Abend vereinbarten wir, am nächsten Tag ebenfalls diese Tour zu machen. Als wir zum Hang kamen, herrschten ganz andere Verhältnisse als am Vortag, er war stockbeingefroren. Michèle wollte schon hinter mir in den Hang hineinfahren, da sagte ich aus Prinzip: ‹Warte, wir fahren einzeln in den Hang hinein.›»

Als Russi 20 Meter gefahren war, hörte er einen Knall, «als ob ein Drahtseil reissen würde». Im ersten Moment dachte er, das Militär habe geschossen. Dann aber bemerkte er, dass der ganze Berg talwärts rutschte. Er schaute kurz hinauf und sah, dass

«Ein Restrisiko bleibt immer. Aber wenn man jede Minute dazu verwendet, Angst zu haben, dann verpasst man das Leben.»

kalkuliert. Man wisse, dass man vielleicht zehn Meter in die Tiefe stürzen könne. Und so paradox es töne: Je schwerer das Gelände, desto geringer ist die Gefahr, sich zu verletzen: «Weil ich Platz habe zum Fallen, ich schlage dann nirgends auf. Jeder, der in einer überhängenden Wand fällt, der jauchzt vor Freude.» Auf die Frage, was mehr Mut brauche, eine Skiabfahrt oder eine Klettertour, hat er eine klare Antwort: «Es brauchte schon mehr Mut und Überwindung, als ich das erste Mal in Kitzbühel am Start stand. Bei einer schwierigen Tour bin ich nicht allein, da ist vielleicht noch einer dabei, der besser

sich ein etwa eineinhalb Meter tiefer Anriss über die gesamte Flanke zog. Instinktiv sagte er sich, dass er mindestens so schnell sein müsse wie der Hang selber: «Ich fuhr einfach pfeilgerade hinunter. Plötzlich bildeten sich Platten und ich merkte, dass ich auf die Seite ausweichen musste. Denn bald hätten sich diese Platten überschlagen und mich begraben. Ich war keine zwei Sekunden neben der Laui, als sich die Platten zu kehren begannen. Ich hätte keine Chance gehabt. Wenn wir zu dritt oder zu viert in den Hang hineingefahren wären, dann hätte es uns alle erwischt.» Bernhard Russi begegnet den

Gefahren am Berg mit einem gewissen Fatalismus. Ein Restrisiko bleibe immer. Aber wenn man jede Minute dazu verwende, Angst zu haben, verpasse man das Leben.

Er denkt aber auch, dass die Berge den Charakter der Menschen prägen. Sie vermitteln Ehrfurcht und Respekt. Denn sie sind grösser als die Menschen. Russis Betrachtung geht ins Philosophische: «Men-schen und Berge haben etwas gemeinsam, sie ver-ändern sich ständig und werden nicht ewig da sein. Der Bergler weiss, dass die Natur stärker ist als wir. Er hat es lieber ruhig, obwohl er weiss, dass er et-was tun muss, damit auch seine Kinder noch leben können.» Russi sieht im Berg in gewissem Sinne auch einen emotionalen Partner: «Ich glaube, dass alles, was lebt, eine Seele hat. Und der Berg lebt.»

SCHWEIZER SPORTEREIGNISSE
DIE TOP 10

Olympische Spiele von Sapporo 1972

Die goldenen Tage von Sapporo strahlen noch fast ein halbes Jahrhundert später nach. Sie waren identitätsstiftend für ganze Generationen von Wintersportlern und setzten die kleine Schweiz im fernen Osten auf die Landkarte. Die Erfolge von Russi, Nadig & Co. gewannen durch die prominente mediale Abdeckung zusätzlich an Bedeutung. Einerseits versorgte «Radio Beromünster» die Schweiz immer pünktlich zur Morgenstund mit den neuesten Erfolgsmeldungen, andererseits etablierten sich in jenen Zeiten die TV-Live-Übertragungen. Die Winterspiele von Sapporo haben den Schweizer Sport geprägt wie kein anderes Ereignis in der Geschichte – und sie beeinflussten sogar die politische Entwicklung über Jahrzehnte hinaus. Ohne sie wäre Adolf Ogi 1987 kaum zum Bundesrat gewählt worden.

Tour de France 1950

Ferdinand Kübler, geboren am 24. Juli 1919 in Marthalen im Zürcher Weiland, einst Bäckereiausläufer in Männedorf, dann Bijouterie-Laufbursche an der Zürcher Bahnhofstrasse, später Radrennfahrer aus Adliswil, gewann 1950 als erster Schweizer die Tour de France. Kübler erreichte das Ziel in Paris nach 4775 Kilometern mit einem Vorsprung von 9:30 Minuten vor dem Belgier San Ockers. Erzrivale Louison Bobet rangierte 22:19 Minuten hinter dem neuen Schweizer Nationalhelden. Kübler kassierte für seinen Triumph eine Million Francs. Aus Adliswil wurde Kübliswil. Im Duell mit seinem ewigen Rivalen Hugo Koblet prägte Ferdy national den Schweizer Sport in den folgenden Jahren wie kaum ein anderer Athlet vor Roger Federer.

Fussball-WM 1938 in Frankreich

Achtelfinale. In Paris traf die Schweizer Nationalmannschaft am Vorabend des Zweiten Weltkriegs auf Grossdeutschland. Die Mannschaft des Schweizer Nachbarn hatte sich nach dem Einmarsch in Wien mit den berühmten österreichischen Wunderspielern verstärkt und galt praktisch als unschlagbar. Die ungleichen Kräfteverhältnisse schlugen sich schnell auf der Anzeigentafel nieder. Bald führte Deutschland 2:0. Doch das war nicht das Ende der Geschichte. Eugène Walascheck traf vor der Pause zum vermeintlichen Ehrentor für die Schweiz. Der 19-jährige GC-Stürmer Fredy Bickel glich die Partie nach dem Seitenwechsel aus. Und Trello Abegglen schoss die Schweiz mit einer Doublette ins Glück. Der «Sport» titelte in den grössten 1938 verfügbaren Buchstaben: «Unser schönster Sieg.» Die «Neue Zürcher Zeitung» platzierte erstmals seit 1780 einen Sportbericht auf der Frontseite. Bundesrat Philipp Etter, der im Schweizer Volksmund später Eternel genannt wurde, weil er ein Vierteljahrhundert auf seinem Sessel kleben blieb, überbrachte Tells Erben Gruss und Dank von Volk und Regierung. Jeder neue Nationalheld erhielt vom Bund eine Prämie, cash und steuerfrei: 175 Franken.

Grand-Slam-Turnier Wimbledon 2003

Roger Federer war damals 21 Jahre alt. Er hatte sich auf der ATP etabliert, aber die Hoffnungen bei Grand-Slam-Ereignissen noch nicht bestätigt. In Wimbledon wurde er hinter Lleyton Hewit, Andre Agassi und Juan Carlos Ferrero auf Nummer 4 gesetzt – es sollte der Ausgangspunkt zu seinem ersten grossen Titel werden. Auf dem Weg ins Halbfinale musste er einzig in der dritten Runde gegen Mardy Fisch einen Satz abgeben. Dort wartete mit dem aufschlaggewaltigen Amerikaner Andy Roddick ein unberechenbarer Gegner. Doch Federer liess Roddick keine Chance: 7:6, 6:3, 6:3. Das Finale gegen den Australier Mark Philippoussis wurde zur Machtdemonstration Federers. Zwar musste der Schweizer zweimal übers Tie-Break, doch auch diese Aufgabe löste er mit meisterlicher Souplesse. Die Schweiz hatte ihren ersten (männlichen) Grand-Slam-Sieger. Und Wimbledon 2003 war die Initialzündung zur Karriere des grössten Sportlers seit Herkules.

Eishockey-WM 2013

Bis zu diesem Zeitpunkt waren Viertelfinalqualifikationen für das Schweizer Eishockey-Nationalteam das höchste der Gefühle. Als spektakuläre Ausschläge nach oben hatte man 1992 und 1998 das Halbfinale erreicht. Der letzte Medaillengewinn lag 60 Jahre zurück. Doch dann kam Sean Simpson, der zuweilen etwas knorrige Kanadier mit dem ausgesprochenen Instinkt fürs Coaching. In der Vorrunde überfuhren die Schweizer in Stockholm alle Gegner: Schweden, Kanada, Tschechien, Slowenien, Dänemark, Norwegen und Weissrussland. Im Viertelfinale räumten sie das Star-Ensemble aus Tschechien zum zweiten Mal aus dem Weg – und in der Runde der letzten vier spielten sie die physisch starken Amerikaner in Grund und Boden. Erst im Finale war der Tank leer – und Schweden im zweiten Vergleich eine Nummer zu gross. Trotzdem: Die erste Finalqualifikation bei einer WM seit 1935 hatte dem Schweizer Eishockey ein ganz neues Gefühl vermittelt – ein Gefühl des Selbstvertrauens und der Siegessicherheit. In Verbindung mit der wachsenden Zahl von helvetischen NHL-Profis führte dies auf internationalem Eis zum Quantensprung. Fünf Jahre später erreichte die Schweiz in Kopenhagen erneut das Endspiel. Wieder war Schweden der Gegner, und wieder musste man sich mit Silber begnügen – diesmal nach zweimaliger Führung und erst im Penaltyschiessen.

Davis-Cup-Finale 2014

Stan Wawrinka und Roger Federer schrieben vom 21. bis 23. November 2014 im nordfranzösischen Villeneuve-d'Ascq helvetische Sportgeschichte. Vor 27 432 zum Teil hämischen Zuschauern liessen sie sich auch von einem überraschenden Ausrutscher von Federer im zweiten Einzel gegen Gaël Monfils nicht aus dem Konzept bringen. Die Gerüchte von Federers Rückenverletzung und dem angeblichen Zwist zwischen Mirka Federer und Stan Wawrinka schienen den Franzosen zusätzlich in die Karten zu spielen. Doch die Schweizer düpierten die Grande Nation mit einer fulminanten Rückkehr. Im Doppel spielte das Duo Fedrinka die Heimmannschaft an die Wand. Und das zweite Einzel von Federer gegen Richard Gasquet (6:4, 6:2, 6:2) wurde zu einem der glorreichsten Kapitel im Schweizer Sport, der vor zwei Jahrtausenden in Altdorf mit Tells Armbrust seinen ersten grossen Triumph gefeiert hatte.

Ski-WM in Crans-Montana 1987

Pirmin Zurbriggen, Peter Müller, Maria Walliser, Vreni Schneider, Erika Hess. Bei der Heim-WM im Wallis fuhren die Schweizer(innen) die Konkurrenz in Grund und Boden, sie gewannen acht von zehn Goldmedaillen (davon alle bei den Frauen) und holten insgesamt 14-mal Edelmetall. Trainer-Legende Karl Frehsner konnte auf eine Equipe von aussergewöhnlicher Klasse und Breite zählen — und er zog strategisch alle Register. Die überzähligen Athleten meldete er als Vorfahrer und verschaffte seiner Mannschaft damit einen entscheidenden Informationsvorsprung. So wurde der nicht qualifizierte Abfahrer Silvano Meli als Skitester eingesetzt. Der Lieblingsrivale aus Österreich schaute den helvetischen Festspielen konsterniert zu und rätselte über das Schweizer Wunderwachs. Frehsner bestätigte später diese Theorie: «Wir setzten uns damals mit Gleitmitteln auseinander, die es auf dem Markt noch nicht zu kaufen gab. Ausserdem führten wir die Skitests in der Mannschaft und nicht nur in Markenteams durch. So besassen wir Vergleichswerte und konnten die einzelnen Produkte optimieren.»

America's Cup 2003

Der italienisch-schweizerische Milliardär Ernesto Bertarelli machte das Binnenland Schweiz mit seinem Projekt Alinghi zu einer Seglernation. Vor der neuseeländischen Küste liess das Schweizer Syndikat den Cup-Verteidigern aus Down Under keine Chance. Alinghi siegte 5:0. In der Schweiz änderte dies vorübergehend die Sportkultur. Plötzlich diskutierte man in den Bars über Segeln. Wer den Unterschied zwischen Luv und Lee nicht kannte, hatte nichts zu bestellen. Mit dem Triumph von Alinghi wurde die Geschichte des Anlasses umgeschrieben. Erstmals in der 152-jährigen Historie des Ereignisses gewann ein europäisches Team. Und bei der nächsten Auflage (2007) wurde der Cup erstmals seit der ersten Durchführung wieder in Europa ausgetragen — vor Valencia. Alinghi nutzte den «Heimvorteil» und verteidigte den Titel gegen Neuseeland erfolgreich (5:2).

Fussball-WM-Qualifikation 1994

Die Schweizer Fussball-Nationalmannschaft hatte die Kunst des Scheiterns in den vergangenen Jahrzehnten kultiviert – und die Rolle im Niemandsland der Welthierarchie scheinbar angenommen. Seit 1966 glänzte sie an grossen Turnieren durch Abwesenheit. Doch dann trat Roy Hodgson auf den Plan, der englische Fussball-Lehrer mit der grossen Idee und der ebenso simplen wie genialen Strategie. Mit Stéphane Chapuisat, Adrian Knup, Ciriaco Sforza und Alain Sutter hatten die ersten Schweizer der Neuzeit ihre Spuren in der Bundesliga hinterlassen. Aber die überwiegende Mehrheit von Hodgsons Team spielte in der heimischen Nationalliga A. Hodgson verpasste dem Team ein rigides 4-4-2-System, in dem jeder Spieler genau wusste, was er zu tun und zu lassen hatte. Der Plan ging mit märchenhafter Zuverlässigkeit auf: In der delikaten Ausscheidungsgruppe mit Italien, Portugal und Schottland blieben die Schweizer bis zum zweitletzten Spieltag ungeschlagen. Gegen Italien holten sie drei von (damals möglichen) vier Punkten. Erst auswärts gegen Portugal mussten sie als Verlierer vom Platz. Dennoch kam es gegen Estland zum grossen Finale. Und die Schweizer liessen sich nicht mehr vom Kurs abringen. Im alten Hardturm liessen sie den Balten keine Chance und stürmten mit einem 4:0-Sieg zur Endrunde in die USA. «Go West»: Der Pet-Shop-Boys-Song wurde zur Melodie jenes Sommers – und Roy Hodgson als erster Mensch in der Schweiz zum Sir geadelt.

Grosser Preis von Italien 1970

Am 6. September feierte Clay Regazzoni in Monza seinen ersten Formel-1-Sieg und krönte damit seine fulminante Premiere-Saison in der Königsklasse. Nie zuvor war ein Debütant spektakulärer in der Formel 1 angekommen. Jetzt fragte niemand mehr: «Regazzoni? Was ist das? Ein Schokoriegel, eine Panettone-Marke?» Jetzt wussten fast alle, Regazzoni ist ein Rennfahrer. Dabei kannten viele Schweizer und vor allem die Tessiner den fünf Tage nach dem Ausbruch des Zweiten Weltkriegs in Lugano geborenen Gianclaudio Regazzoni schon seit 1964, als er auf einem Morris Cooper S 1071 am Monte Ceneri sein erstes Bergrennen gewann. 1965 wechselte er das Auto fast so häufig wie andere das Hemd. Am Start war er oft, am Ziel selten. 1966 schauten ein paar Ehrenplätze heraus, 1967 ein paar Unfälle. Doch Regazzoni, der in Italien zum populärsten Schweizer der Welt avancierte, war auch erfolgreich: Fünf GP-Siege, 1970 WM-Dritter, 1974 WM-Zweiter – drei Pünktchen hinter Emerson Fittipaldi. In Sachen Risikobereitschaft setzte Regazzoni weltmeisterliche Massstäbe. Er fürchtete weder Tod noch Teufel. Kenner der Szene nannten ihn «Kamikaze». Er ist bis heute der erfolgreichste Schweizer im Rennsport geblieben.

Sportlich und geschäftlich erreichte Bernhard Russi alle Ziele. Doch familiär hatte er schwere Schicksalsschläge zu verkraften.

DIE KEHRSEITE DER MEDAILLE

Mein Vater ist gestorben, als ich ihn am meisten gebraucht hätte. Meine erste Frau kam in einer Lawine ums Leben. Meine kleine Schwester ist seit frühester Kindheit schwerstbehindert. Ein Bruder starb völlig unerwartet innerhalb von Stunden an einer Infektion. Mein anderer Bruder war ein riesiges Skitalent, hat aber seinen Weg im Leben nie richtig gefunden. Ich bin Bernhard Russi. Man sagt, ich sei ein Sonnyboy.»

So beginnt der Dokumentarfilm über Bernhard Russi, der am 12. Februar 2017 vom Schweizer Fernsehen ausgestrahlt wurde: «Von hohen Gipfeln und dunklen Tälern.»

Der Mann, der bisher mit spielerischer Leichtigkeit durchs Leben zu tänzeln schien, der die Goldmedaillen stapelweise und die öffentliche Anerkennung im Sturm gewann, der mit seinem Strahlen und seiner Integrität zum Allgemeingut in jeder Schweizer Familie zählt, der das Vorbild der Nation symbolisiert wie Wilhelm Tell und Roger Federer in

Personalunion, zeigt unvermittelt seine andere Seite. Es ist eine Seite, wie sie selbst enge Wegbegleiter und langjährige Freunde nicht in jedem Detail kannten. Es ist das Outing für Schicksalsschläge, an denen Russi weder Mitverantwortung noch Schuld trägt, eine öffentliche Entschuldigung für nicht begangene Fehler.

Trotzdem wirkt der Film auf viele Zuschauer irritierend – ja verstörend. Weshalb ausgerechnet jetzt, mit 68 Jahren, just in der Woche vor dem Abfahrtsklassiker in Wengen? Warum eine Lebensbeichte zur Primetime, im Fokus von Scheinwerfern und Fernsehkameras, mit der flankierenden Bildergeschichte tags darauf in der «Schweizer Illustrierten»? Ist es eine öffentliche Rechtfertigung für die zuvor vernachlässigte Solidarität mit seinen Nächsten? Soll mit dieser Selbstinszenierung als demütiger Beichter das schlechte Gewissen weggewischt werden?

Russi erklärt die Beweggründe mit selbstanalytischer Nüchternheit: «Ich spüre, dass mir dieser Film als Verarbeitung gutgetan hat. Als junger Mensch verdrängt man vieles, vielleicht hätte ich früher auch abgeblockt, wenn ich darauf angesprochen worden wäre.»

einem Pflegeheim in Uri. Madeleine, von den Eltern «Engelchen» genannt, musste sich im Alter von drei Jahren an der Hüfte operieren lassen. Der vermeintliche Routineeingriff mündete in der Katastrophe,

Weshalb ausgerechnet jetzt, mit 68 Jahren? Warum eine Lebensbeichte zur Primetime? Der Film wirkte auf viele Zuschauer verstörend.

So oder so. Der Film von Regisseur Michael Bühler, dessen Dreharbeiten fünfeinhalb Jahre dauerten, geht ans Herz. Bernhard Russi erzählt mit der gleichen Ruhe und Sachlichkeit, wie er im Alltag als Ski-Experte Innenskifehler oder Einfädler kommentiert, die Dramen aus seinem Leben. Ein zentraler Punkt des Films ist der Besuch bei seiner schwerbehinderten Schwester Madeleine. Das jüngste der vier Russi-Geschwister lebt seit über 30 Jahren in

die Ärzte begingen einen Narkosefehler. Als Madeleine erwachte, war nichts mehr wie vorher. Das Mädchen wurde schuldlos zur Unselbständigkeit verurteilt — lebenslänglich. Die Ärzte prognostizierten ihr eine Lebenserwartung von kaum zehn Jahren. Doch Madeleine klammert sich ans Leben. Die ersten 25 Jahre lebte sie im Elternhaus und wurde von Vater und Mutter liebevoll umsorgt.

Im Film streicht Russi seiner Schwester sanft

über die grauen Haare, schiebt ihr ein Stück Schokolade in den Mund und spricht in die Kamera: «Sie lebt in ihrer eigenen Welt – ich weiss nicht, wie diese aussieht.» Es ist eine Szene, die unter die Haut geht – und wieder die Frage aufwirft: Weshalb führt Russi seine Anteilnahme derart öffentlich vor? Und weshalb erst jetzt? Russi sagt dazu: «Weil mich zuvor niemand danach gefragt hat – und weil ich auch weiss, dass Menschen mit Handicap ebenfalls einen Platz in unserer Gesellschaft haben.»

Rückblick: Das Andermatt der 1950er-Jahre verkörperte die heile Welt. Bernhard Russi wuchs in einem behüteten Umfeld auf. Vater Pius arbeitete als Bahnmeister bei der Furka-Oberalp-Bahn, Mutter Bernadette, eine Walliserin aus Brig, besorgte den Haushalt und kümmerte sich um die Kinder. Russi und seine jüngeren Brüder Manfred und Pius erlebten eine glückliche Kindheit und Jugend. Sie hatten Flausen im Kopf und den Schalk im Nacken. Nichts war vor ihnen sicher. Eines Tages hantierten

Lebens ab. Unvermittelt erhielt Bernhard den Anruf, Pius liege mit einer Bakterieninfektion im Spital. Der Grund wurde nie bekannt. 24 Stunden nach der Diagnose war Pius tot.

Manfred Russi, der Mittlere, war wie Bernhard ein hochtalentierter Skifahrer – vielleicht noch talentierter als der spätere Olympiasieger. In jungen Jahren wurde er ins C-Kader aufgenommen. Doch just als Bernhard bei der Weltmeisterschaft in Val Gardena seinen ersten grossen Sieg feierte, geriet Manfred sportlich aus der Spur. Er schaffte den Durchbruch nicht. Der gelernte Elektriker arbeitete später als Skilehrer in Zermatt und Japan, eröffnete in Andermatt ein Sportgeschäft. Doch seinen Weg ins Leben fand er nie richtig. Er verschwand im Schatten seines erfolgreichen Bruders persönlich in einem schwarzen Loch. Trotzdem schwärmt Manfred von seinem grossen Bruder: «Für mich bedeutet Bernhard alles – erst recht, seit Vater tot ist. Seither ist Bernhard unser Vater.»

24 Stunden nach der Diagnose war sein Bruder Pius tot. Der Grund wurde nie bekannt.

sie am Bahnhof Andermatt, dem Arbeitsplatz des Vaters, mit der grossen Drehscheibe, auf der Lokomotiven in Position gebracht wurden. Wenig später entgleiste ein Zug – und Vater Pius erzählte am Familientisch erzürnt von dem Zwischenfall. Die Söhne schauten sich verschwörerisch an, sagten aber kein Wort. Der Vater sollte nie erfahren, dass die Entgleisung auf familiäre Ursachen zurückzuführen war.

Doch der brüderliche Zusammenhalt war nicht für immer. Pius, der jüngste der Russi-Buben, wird von Bernhard als «schillernde Persönlichkeit, Unterhalter und Theaterspieler» beschrieben. Pius führte in Andermatt das Dancing «Downhill» und später das Restaurant «Skiclub». Dann übernahm er ein Gastlokal auf dem Zugerberg. Doch das Schicksal rief ihn im Alter von 56 Jahren von der Bühne des

Bernhard sagt dazu im Film: «Manfred geht es jetzt viel besser. Seit zwei Monaten hat er keinen Schluck Alkohol mehr getrunken, keine Zigarette geraucht. Wir sehen uns jetzt jede Woche. Und Manfred weiss, dass ich immer für ihn da bin.»

Der Mann, der Bernhard Russi den Zugang zum Skisport öffnete, war Vater Pius. Ein strenges Familienoberhaupt, das von seinen Buben die besten Schulzeugnisse erwartete – und vor allem bei «Fleiss und Betragen» keine Abstriche duldete. Sportlich hatte sich Pius der Nordischen Kombination verschrieben. Seine Kinder nahm er schon früh mit auf die Pisten. Als Bernhard in Val Gardena und Sapporo zum nationalen Idol avancierte, war es der Vater, der ihn wieder auf den Boden zurückholte.

Doch das Schicksal schlug brutal zu. 1975 erhielt Vater Pius die niederschmetternde Diagnose: Krebs!

Bernhard Russi 1976 bei der Eröffnung des Nachtclubs «Downhill» in Andermatt. Der Tanzclub wurde von seinem Bruder Pius geführt.

Kurz vor der Abfahrt in Kitzbühel besuchte ihn Bernhard im Spital. Die Ärzte machten keine falschen Hoffnungen und rieten dem Filius, sich von seinem Vater zu verabschieden. Russi erinnert sich mit Tränen in den Augen: «Mein Vater meinte, ich solle mir

der Schweiz eines der gesellschaftlichen Hauptereignisse jener Zeit. Drei Jahre später erblickte Sohn Ian das Licht der Welt. Das vermeintliche Traumpaar musste allerdings einsehen, dass es nicht viel mehr als eine Zweckgemeinschaft war. Allein der Skisport

Die Ärzte machten Bernhard keine falschen Hoffnungen und rieten ihm, sich von seinem Vater zu verabschieden.

keine Sorgen machen und stattdessen die Abfahrt für ihn gewinnen. Ich ging und fuhr jenseits von Gut und Böse. Ich stürzte. Wenn man den Wunsch hat, Rennen für sich zu gewinnen, dann kann man damit leben, wenn man es nicht schafft. Aber wenn der Wunsch so gross ist, weil es das Abschiedsgeschenk für den Vater ist, dann sind übermächtige Kräfte im Spiel. Dann macht man womöglich etwas, das einem nicht immer gelingt.»

Im Jahr 1977 heiratete Bernhard Russi die Schweizer Skirennfahrerin Michèle Rubli – es war in

genügte nicht für eine dauerhafte Basis. 1984 folgte die Scheidung. Das Verhältnis blieb trotzdem gut. «Wir wollten immer das Beste für Ian», sagt Russi. In Zufikon AG wohnte er mit seiner zweiten Ehefrau Mari nur hundert Meter von Rubli entfernt.

Am 16. Dezember 1996 kam es dann zur Tragödie. Michèle geriet beim Heliskiing in Whistler Mountain in eine Lawine. Russi bezeichnet dieses Ereignis als seinen «schwersten Schicksalsschlag». Es habe ihm den Boden unter den Füssen weggezogen. Eigentlich hatte Michèle geplant, auf den

Bahamas Golf zu spielen. Doch Russi überredete sie zum Skifahren in den Rocky Mountains. Damit Michèle im Pulverschnee besser zurechtkam, gab er ihr seine neuen, breiten Skier mit. Zwei Tage vor ihrem Tod rief sie in Zufikon an und berichtete, wie gut sie mit den Skiern zurechtkomme.

Seine zweite grosse Liebe, Mari Bergström, lernte Bernhard Russi 1984 zufällig kennen. Die Schwedin aus Stockholm arbeitete als Rezeptionistin in einem Hotel in Genf; sie wusste nicht, dass einer der bekanntesten Schweizer vor ihr stand. Seine Einladung zu einem Drink nahm sie an. Am Lauberhorn-Wochenende trat die bildschöne Frau erstmals öffentlich an Russis Seite auf. 1992 heirateten die beiden im schwedischen Fischerdörfchen Torekov, in dem Mari als Mädchen jeweils die Sommer verbracht hatte. «Das ist Mari. Und ich liebe sie», titelte die «Schweizer Illustrierte» am 29. Juni 1992. Im selben Jahr krönte die Geburt von Tochter Jennifer das neue Glück von Russi.

Doch auch dieses Glück war brüchig. Im Herbst 2010 informierte Russi die Öffentlichkeit via Ringier-Medien über die Trennung von Mari und deren Gründe: «Es waren die vielen kleinen Dinge, die im Laufe der Jahre vermutlich auch anderen Paaren zu schaffen machen. Unstimmigkeiten. Abnützungserscheinungen. Daraus entstanden Gefühlsverschiebungen. Einen isolierten Grund für die Trennung hat es nicht gegeben – auch wenn dies in gewissen Medien so dargestellt wurde. Es waren die alltäglichen Dramen des Lebens, die uns unsere Beziehung infrage stellen liessen.»

Mari blieb im Familienheim in Zufikon. Bernhard zog sich in sein Haus an der Oberalpstrasse in Andermatt zurück – und öffnete den Journalisten die Tür. «Es war die schlimmste Zeit meines Lebens», erzählt er. «Ich war sehr traurig und wollte allein sein. Als öffentliche Person steht man den Medien gegenüber in der Verantwortung. Doch als ich in einer Zeitung das Foto von Mari und mir mit einem Riss zwischen uns sah, bin ich erschrocken. Es wirkte so feindlich, zerstörerisch. In diesem Bild sahen wir Krieg. Dabei hatten wir dieses Gefühl nicht. Wir entschieden uns für die Trennung, weil wir eine Lösung für die Probleme suchten. An einer so langen und tiefen Beziehung hängen mehr als nur zwei Personen – auch die Kinder, Familien, Freunde.»

Es sollte eine Trennung auf Zeit sein. Bernhard und Mari fanden wieder zusammen. In Russis Berghütte am Wildmattensee oberhalb Andermatts entdeckten die beiden, dass ihre Liebe noch lebt. Es sei kein therapeutischer Ausflug gewesen, versichert Russi – aber die Auswirkungen waren therapeutisch: «Am Morgen aufstehen, im kalten Bergsee das Bad geniessen und sich gemeinsam darüber freuen, wie die Gämsen vorbeischauen, das ist wunderbar. Wir merkten, dass unsere Beziehung noch funktioniert – dass das, was uns verbindet, mehr ist als nur Liebe.»

Bernhard Russi mit seiner zweiten Ehefrau Mari (2013).

Am 4. Juni 1977 heiratet Bernhard Russi seine langjährige Freundin Michèle Rubli.

151

**Bernhard Russi erlebte eine unbeschwerte Jugend.
Sein grosses Vorbild war sein Vater Pius.**

IN DEN SPUREN DES VATERS

er Apfel fällt nicht weit vom Stamm. Was abgedroschen tönt, trifft auf Bernhard Russi sehr gut zu. In vielen Dingen war es der Vater, der dem späteren Olympiasieger den Weg wies – erzieherisch, beruflich, sportlich. Pius Russi war in seiner Jugend ein weithin bekannter Skifahrer. 1941 schaffte er es sogar ins Schweizer Aufgebot für die Weltmeisterschaft in Cortina d'Ampezzo. In den Geschichtsbüchern schlug sich dies allerdings nicht nieder. Denn aufgrund des Zweiten Weltkriegs wurden diese Titelkämpfe aus den Annalen gelöscht.

Vater Russi machte seinen Weg allerdings auch ohne die grossen sportlichen Meriten. Bei den Furka-Oberalp-Bahnen begann er als einfacher Arbeiter. Später wurde er zuerst zum Streckenwärter und schliesslich zum Bahnmeister befördert. Die Arbeit des Vaters bestimmte auch die Wohnsituation. Bevor die Russis in das eigene Mehrfamilienhaus «Bellavista» umzogen, hatten sie in einer Wohnung direkt im Andermatter Bahnhof gelebt.

1947 führte Pius Russi die Walliserin Bernadette Michlig vor den Traualtar. Ein Jahr später, am 20. August 1948, erblickte der erste Sohn das Licht der Welt: Bernhard. In Abständen von jeweils zwei Jahren folgten die beiden jüngeren Brüder Manfred und Pius sowie Tochter Madeleine. An die Sportlerkarriere seines ältesten Sohnes mochte Pius nicht

Youngster: Bernhard mit seinem Kollegen Noldi Eberle an einem Nachwuchsrennen.

so recht glauben. Der Vater verlangte von Bernhard, eine Berufslehre zu absolvieren.

Zu Beginn der 1970er-Jahre beschrieb Bernhard Russi das Leben in der Familie voller Respekt und Pathos:

«Mein Vater ist ein echter Bergler mit einer zähen Natur. Beharrlichkeit, Kämpfertum und doch

Auto, konnte aber Beamten-Billetts beziehen und mit der Familie so jährlich zwei- bis dreimal verreisen. Mit meinen beiden Brüdern, die beide den Beruf des Elektromonteurs gelernt hatten, pflegte ich stets ein gutes Verhältnis. Manfred, zwei Jahre jünger als ich, ist der ehrgeizige Typ, mit dem ich in der Jugendzeit auch die üblichen kleinen Streite-

An die Sportlerkarriere seines ältesten Sohnes mochte der Vater nicht so recht glauben. Er verlangte von Bernhard, eine Berufslehre zu absolvieren.

eine gewisse Ruhe sind ihm eigen. Als Vater war er streng, aber stets gerecht. Er hat uns geführt, jedoch schon bald einmal gewisse Entscheidungen überlassen. Selbstverständlich weckte er in uns die Freude am Skifahren und an den Bergen. Sehr oft nahm er uns Buben an Sonntagen auf Touren mit, wobei wir etwas leisten mussten. Aber wir ernteten reichen Lohn in Form von Schönheiten der Bergwelt, für die uns der Vater die Augen öffnete. Einmal organisierte er für uns drei Buben und einen unserer Freunde sogar ein kleines Rennen. Er steckte einige Fähnchen in den Schnee und setzte als Siegerpreis eine Tafel Schokolade aus. Das bereitete uns natürlich einen Riesenspass. Aber Vater blieb bei all seiner Skisportbegeisterung zurückhaltend. Er forcierte uns nie, sondern bremste gerade während der Schulzeit immer wieder.

Meine Mutter konnte nicht Ski fahren, als sie aus Brig nach Andermatt zog. Mit meinem Vater holte sie dies natürlich nach. Sie stammt aus einer Bauernfamilie und pflegt deshalb einen natürlichen Umgang mit den Mitmenschen. Sie erzog uns zu Einfachheit und Ordnung. Der Vater trug seinen Teil mit einer gesunden erzieherischen Strenge bei.

Ich verlebte im Kreis meiner Familie eine ausgeglichene und harmonische Jugendzeit. Höhepunkte waren jeweils die gemeinsamen Reisen, die wir mit dem Zug unternahmen. Mein Vater besass kein

reien austrug. Sportlich ist er ein Streber, der gerne etwas zu viel will. Pius als der Jüngste nimmt alles eher auf die leichte Schulter. Er ist ein Spassvogel und Clown. Als Skifahrer scheint er mir ein grosses Talent zu sein, doch begann er relativ spät.

Beweglichkeitstraining. Russi als 19-jähriger bei Trockenübungen in der Halle.

Daheim zwischen Pokalen und Medaillen: Bernhard mit seiner Mutter Bernadette 1972.

Seit Kurzem nimmt er nun den Sport aber ernster. Ich darf sagen, dass wir Brüder uns gegenseitig helfen und von unseren Gemeinsamkeiten im Skiwettkampfsport nur profitieren. Der Sport hat bei uns stets eine grosse Rolle gespielt. Wenn in Andermatt jeweils der Schnee geschmolzen war, holten wir sofort den Fussball aus dem Keller und vergnügten uns an den schulfreien Nachmittagen mit diesem Sport. Hätte ich im Skisport nicht reüssiert, würde ich es sicherlich im Fussball probiert haben. Aber der Skisport blieb für uns Russi-Buben das Lieblingskind.

Die Liebe galt zwar eher dem Springen, das bei der Andermatter Jugend damals besonders hoch im Kurs stand. Vorbild war für mich der Vater, dessen Preise und Abzeichen ich zu Hause fasziniert bewunderte. In aller Stille hegte ich den Wunsch, es meinem Vater einmal gleichtun zu können. Es blieb aber nicht nur beim Bewundern der Trophäen. Einmal organisierten wir zusammen mit anderen Buben ein richtiges Skirennen, für das uns allerdings die Preise fehlten. Heimlich entführte ich aus Vaters Trophäensammlung einen Zinnbecher. Den überreichte ich als nicht teilnehmender Organisator dem Sieger. Blamage und Strafe trafen mich aber hart, als der Vater den Verlust entdeckte und ich beim Gewinner den Pokal wieder zurückfordern musste.»

Zu Pokalen und Medaillen hat Russi auch heute ein distanziertes Verhältnis. In seinem Haus sucht man vergeblich nach Spuren seiner Karriere: «Ich will Zuhause Vater und Ehemann sein – und nicht Spitzensportler und Olympiasieger.»

Die Glarner bestimmten die Pace in der Entwicklung des Schweizer Skisports. Doch der erste Sieger war ein Berner aus Andermatt. Ein historischer Rückblick.

23

RUSSIS GLARNER VORFAHRER

C hristoph Kolumbus entdeckte im Auftrag Spaniens Amerika. Christoph Iselin entdeckte für die Schweiz den Skisport. Er wohnte nicht in Arosa, Davos, Crans-Montana, St. Moritz, Wengen oder Zermatt, sondern in dem Flecken Glarus, fernab vom Fremdenverkehr.

Der damals 22-jährige Leutnant und spätere Generalstabsoffizier hatte Fridtjof Nansens Buch «Auf Schneeschuhen durch Grönland» verschlungen und schritt nach der Lektüre sofort zur Tat. In einem Protokoll des Skiclubs Glarus schildert Iselin seine skisportlichen Anfänge: «Es war im Winter 1891, als ich, angespornt und begeistert von Nansens Buch, mir ein Paar originelle, sehr primitive sogenannte Schneeschuhe selber anfertigte und darauf meine Probefahrten nur bei finsterer Nacht abhielt. Denn wehe dem, der sich damals erkühnt hätte, mit so sonderbaren Werkzeugen Übungen abzuhalten. Er wäre unfehlbar dem allgemeinen Gespötte und

Hohngelächter anheimgefallen und hätte sicher riskiert, entweder als Tölpel dargestellt oder in der Fasnacht-Narrenzeitung publiziert zu werden.»

Einige andere Neugierige da und dort im Alpenland Schweiz versuchten zu dieser Zeit das Gleiche, gaben ihre Bemühungen jedoch bald wieder auf.

Christoph Iselin war Gründer und von 1883 bis 1904 Präsident des ersten Skiclubs der Schweiz.

Nicht so Christoph Iselin. Er hielt durch. Glarner haben harte Köpfe. Iselins nächtliche Skiübungen blieben nicht verborgen. Freunde und Skeptiker des neuen Fortbewegungsmittels auf Schnee veranstalteten am 28. und 29. Januar 1893 einen Wettlauf von Ridern über den Pragelpass nach Muotathal. Marschtüchtige Wanderer legen diese Strecke im Sommer in zehn Stunden zurück. Christoph Iselin, sein Freund Alexander von Steiger und der Norweger Olaf Kjelsberg rüsteten sich mit dem neumodischen winterlichen Fortbewegungsmittel aus. Dr. Eduard Naef aus Glarus stattete seine Schuhe mit den damals von Bergbauern verwendeten Schneereifen aus. Bis zur Pragelpasshöhe konnte er das Tempo der Skiläufer mithalten. Dann aber fiel er weit zurück.

Naef war ein guter Verlierer und beschrieb seine Niederlage im «Winterthurer Tagblatt» wie folgt: «Zur Mittagstund begannen wir den Abstieg über die Abhänge der linken Talseite. Hier erst sah ich nun mit Staunen und Bewunderung, welche Leistungen der Ski dem geübten Läufer auf geeignetem Terrain und bei günstigen Schneeverhältnissen erlaubt. Kaum war ich etwa 200 Meter von unserem Halteplatz entfernt, so waren meine Gefährten in rasender Eile über die Gwächten hinüber, durch die ausgewehten Vertiefungen hindurch, über die ziemlich steilen, aber ungefährlich in einen breiten Alpenboden übergehenden Abhänge hinuntergesaust. In raschen langen Schritten strebte ich ihnen nach, allein die Schneereifen erlauben eben keine gleitende Bewegung; für die Strecke, die jene in Minuten, ja Sekunden durchmessen hatten, benötigte ich unendlich viel Zeit. Im Hengsthorn, einem Bauerngehöfte, traf ich um 1.15 Uhr ein; ich war also ebenso schnell abgestiegen wie ein rüstiger Fussgänger im Sommer, in ein und ein Viertel Stunden; die Skiläufer dagegen waren in 20 Minuten bis hierher abgefahren; sie hatten somit fast eine ganze Stunde Vorsprung erlangt. Angestaunt von Alt und Jung zogen wir etwas nach 2 Uhr in Muotta ein.» Naefs Artikel im «Winterthurer Tagblatte» wurde von vielen Schweizer Zeitungen übernommen. Der Schweizer Skisport war geboren! Nicht in einer mondänen Bergstation, nicht in Graubünden, im Wallis oder im Berner Oberland. Die Wiege stand in Glarus, am Fuss des Vorderglärnisch, im Flussgebiet der Linth, in den Voralpen. Die Walliser liessen kein Gras unter ihren Füssen wachsen und trauerten nicht dem Schnee von gestern nach. Noch ehe der neue Winter Einzug hielt, gründeten sie am 22. November 1893 den ersten Schweizer Skiclub, den Skiclub Glarus. Er hatte zu Beginn des Winters sechs und am Ende des Winters 13 Mitglieder. Der Präsident wurde «Chef» genannt und hiess Christoph Iselin. In Paragraf 1 der Satzungen war das Vereinsziel umschrieben: «Zweck dieser Vereinigung ist Hebung und Förderung des Schneelaufens, und zwar durch gemeinsame Übungen und Ausflüge sowie durch Versammlungen mit den Sport betreffender Diskussion.»

Ermuntert durch die Glarner oder animiert durch den deutschen Skipionier Wilhelm Paulcke eroberten auch andernorts unternehmungslustige Männer mit langen Brettern die winterlichen Berge. Sie kamen unter anderem aus dem grenznahen Ausland. So bezwangen Todtnauer und Strassburger Skiläufer Gotthard, Furka, Nägelisgärtli, Grimsel und Brünig. Der Engadiner Claudio Saratz fuhr in 80 Minuten von der Bernina-Passhöhe nach Pontresina, überschritt die Fuorcla Surlej und bestieg den Piz Corvatsch. Die Skiläufer bewältigten Berg um Berg – und der Winter verlor allmählich sein Image als unzugänglicher, garstiger Gesell. 1893 wurde sogar eine Dame auf Skiern gesichtet. Fräulein Martha Krebs aus Schaffhausen, die Mutter des späteren

Paragraf 1 der Satzung von 1893: «Zweck dieser Vereinigung ist Hebung und Förderung des Schneelaufens.»

Skiverband-Ehrenmitglieds Roland Rudin, erregte bei Skiversuchen im Schwarzwald die Gemüter entrüsteter Bauern. Für öffentliches Ärgernis sorgte ausserdem die Hosenmode der Skiläuferinnen. Noch 1928, anlässlich der Gründung des Schweizerischen Damen-Skiclubs, ereiferte sich ein von den Privilegien seines Geschlechts überzeugter Mann im Schweizerischen Skiverband: «Mer wei mit de Wyber nüt z tüe ha.» Die Worte verhallten. Schon ein Jahr später nahm der SSV die Frauen auf. Auf die Teilnahme bei den Landesmeisterschaften mussten sie allerdings bis 1934 warten. Erste Schweizer Skimeisterin wurde Nini von Arx-Zogg aus Arosa.

Ehe es so weit war, leisteten die Glarner um Christoph Iselin weitere Pionierarbeit und führten das erste Skirennen des Landes durch. Als Sieger schwang Feldweibel Müller oben aus, ein kräftiger Berner, der in Andermatt stationiert war. Die «Glarner Nachrichten» vom 27. Januar 1902 werteten

den Anlass positiv: «Der erste Versuch, der sein gutes Gelingen in allererster Linie der Energie und dem organisatorischen Talent von Herrn Hauptmann i Gst Iselin verdankt, darf alle Teilnehmer vollauf befriedigen. Im Hauptrennen (8,5 km) starten 14 Mann; im Militärrennen (4,25 km) 10 Mann; zum Jugendrennen (2,5 km) fanden sich 10 Startende ein, worunter 2 Damen, und zum Sack-Rennen (ca. 3 km) 8 Startende. Trotz des hohen Neuschnees, der über Nacht noch gefallen war, und ungeachtet des ständigen Schneefalls am Sonntagmorgen fanden sich schon früh 150 Personen auf Sack ein, während mittags die Zahl der Zuschauer auf etwa 400 angestiegen sein dürfte.

Die Resonanz war bemerkenswert. Der Gemeinderat Glarus liess sich offiziell vertreten und verschiedene auswärtige Blätter hatten ihre Spezialkorrespondenten hierher entsandt. Unsere Bevölkerung, die das Verkehrswesen immer mehr zu heben sucht,

Damenskirennen um 1910

3698 EDITION PHOTOGLOB CO., ZÜRICH

Skisprung

hat gewiss auch am Skilaufen Interesse, indem wir hoffen dürfen, unsere Berge werden künftig auch im Winter ihren Besuch erhalten. Nach dieser Richtung darf auch unser Verkehrsverein sein Programm ausdehnen und die Anregung von Herrn Trümpy-Heer in Mitlödi auf Einführung winterlicher Sportfeste einer ernstlichen Prüfung zu unterziehen.»

Diesem Bericht folgte in der nächsten Ausgabe der «Glarner Nachrichten» ein Leserbrief: «Es sind durchaus nicht alle Leute damit einverstanden, dass mit dem Skifahren nun wieder ein neuer Sport eingeführt wird. Für den Sicherheitswächter am Gotthard ist das eine andere Sache, da gehört es natürlich zum Dienst und kann nützlich sein. Aber unsere hiesigen jungen Leute haben ja sonst keinen Sonntag mehr frei: Sänger, Turner, Schützen, Tanz-

Noch etwas steif, aber recht mutig: Skisprung vor dem Wetterhorn in Grindelwald auf einer Postkarte um 1900.

sierung und Entwicklung des jungen Sports lud er zwei bekannte norwegische Skiläufer, Leif Berg und Thorleif Björnstad, nach Glarus ein. Sie wohnten im Haus der Frau Landesstatthalter Mercier-Heer und führten die Glarner gegen Kost, Logis und Vergütung der Reisespesen in die norwegische Schneeschuh-Kunst ein. Andere Ortschaften wollten von dieser Möglichkeit ebenfalls profitieren. Iselin erfüllte diese Wünsche. «Dadurch blieben die Herren weniger lang als geplant in Glarus und förderten durch ihren Zug in verschiedenen Gegenden unseres Vaterlandes die Iselin'sche Idee, den wahren Stil zum Gemeingut unserer sportbeflissenen Jungmannschaft zu machen, bedeutend», lobte die Zeitschrift «Ski» sowohl Norweger wie Glarner. Christoph Iselin betrieb keine Kirchturmpolitik. Er sah stets über den Tödi und den Glärnisch hinaus. Der Skiclub Glarus regte erstmals in der Schweiz die Herstellung von Skiern an. Glarner Handwerker befolgten den Rat. Ebenfalls aus Glarus kam der Impuls zum Bau der Spitzmeilenhütte – der ersten Skihütte in der Schweiz.

Auch der Schweizerische Skiverband hat seine Wurzeln im Lande Fridolins. Mit Brief vom 10. Oktober 1904 bat Iselin alle damals bestehenden Schweizer Skiclubs zur Gründungsversammlung des SSV. Am 23. Oktober trafen sich im Bahnhofbuffet II. Klasse Olten unter Tagespräsident Iselin, inzwischen bereits Major der Schweizer Armee, Vertreter der Skiclubs Basel, Bern, Biel, La Chaux-de-Fonds, Engelberg, Genf, Glarus, Gotthard Andermatt, Grindelwald, Luzern, Montreux, Alpina St. Moritz und Zürich. Einen knappen Monat später, am 20. November 1904, fand im «Aarhof Olten» die konstituierende SSV-Delegiertenversammlung statt. Anwesend waren 16 Vereine mit insgesamt 731 Mitgliedern. Für jedes Mitglied mussten der Zentralkasse 50 Rappen überwiesen werden. Tagespräsident Major Iselin übergab das Kommando dem ersten SSV-Präsidenten Alber Weber vom Skiclub Bern. Er trat sein Amt mit einem Verbandsvermögen von Fr. 5.65 an.

lustige, Clubisten streiten sich um jede Sonntagsstunde – von den Velopetern gar nicht zu reden, nun kommt noch der Winter mit Sängern, Clubisten, Kränzchen aller Art, Ski und so fort. Ob das für das Volkswohl wirklich gesund ist?»

Christoph Iselin liess sich trotz solcher «Befürchtungen um das gefährdete Volkswohl» nicht von seinen Plänen abbringen. Zwecks Populari-

Was in Val Gardena und Sapporo begann, fand
in den 1980er-Jahren seinen grossen Höhepunkt.
Vreni Schneider, Maria Walliser und Erika Hess über
die goldenen Jahre des Schweizer Skisports.

RUSSIS ERBINNEN

Konkurrenz spornt an. In den 1980er-Jahren dominierten die Schweizer Ski-Ladies die Konkurrenz fast nach Belieben. Im Zentrum der deutschschweizerischen Euphorie standen drei junge Frauen, die in ihrer Popularität Bernhard Russi nahekamen: Erika Hess (Jahrgang 1962), sechsfache Weltmeisterin, zweifache Gesamtweltcupsiegerin und spätestens nach ihrem dreifachen Gold bei der WM 1982 in Schladming zum Liebling der Nation befördert; Vreni Schneider (1964), mit je drei Goldmedaillen bei Olympia und WM sowie drei Gesamtweltcupsiegen und dem Schweizer Rekordtotal von 55 Erfolgen in Weltcuprennen die erfolgreichste Schweizer Skisportlerin der Geschichte und berühmtester Glarner Export seit Fridolin, und, last but not least, Maria Walliser (1963), siebenfache Medaillengewinnerin bei Grossereignissen (dreimal Gold) und zweifache Gesamtweltcupsiegerin. Nach ihrem Karriereende bekam die Ostschweizerin Hollywood-Angebote von Oscar-Preisträger Arthur Cohn. Die drei Frauen äussern sich zum Mythos Sapporo, ihrer Beziehung zu Russi sowie zur Entwicklung des Skisports in den vergangenen 50 Jahren.

An was denken Sie zuerst, wenn Sie den Namen Bernhard Russi hören?

Maria Walliser: Bernhard verkörpert für mich eine grosse Skilegende und einen Vorreiter für Werbung im Spitzensport. Dank seiner Vielseitigkeit eröffneten sich ihm immer wieder neue Möglichkeiten. Er war ein engagierter Pistenbauer und FIS-Delegierter. Aber auch als Fotomodell überzeugte er. Vor allem war er oft mein Partner für TV-Sendungen und Illustrationen. Doch ich habe ihn ebenfalls als guten freundschaftlichen Ratgeber in und um meine eigene Skikarriere schätzen gelernt.

Vreni Schneider: An den grossen Sportler, TV-Experten und vor allem auch an den aussergewöhnlichen Menschen. Dazu kommt mir ganz spontan eine Episode beim ATP-Turnier in Basel in

Golden Girls: Erika Hess (oben) und Maria Walliser (Mitte) in Crans-Montana 1987
und Vreni Schneider (Saalbach 1991) präsentieren ihre Medaillen.

den Sinn. Unsere ganze Familie war eingeladen. Roger Federer spielte – und unsere Söhne Flavio und Florian sassen in der ersten Tribünenreihe direkt neben Bernhard und Mari Russi. Plötzlich rutschte Flavio aus und schlug mit voller Wucht mit dem Mund gegen eine Eisenstange. Er blutete heftig, und ich sorgte mich nicht nur um Flavio, sondern auch um die Ruhe in der Halle. In meiner Aufregung, Flavio könnte aufschreien und das Spiel des grossen Roger unterbrechen, rettete mich Mari mit einem Taschentuch. Zu unserer Verblüffung blieb der sechsjährige Flavio aber ganz still. Wenn Bernhard und ich uns in der Zeit danach wieder trafen, wechselten wir jedes Mal noch ein paar Worte über dieses Ereignis und über unseren tapferen Flavio.

mit allen unseren Skifahrern, von der untersten Stufe bis hinauf zur Nationalmannschaft, wo Lise-Marie Morerod, Erika Hess, Marie-Theres Nadig und natürlich Bernhard Russi abgebildet waren. Bernhard stand über allen.

Erika Hess: Nein. Bei mir hingen keine Poster im Zimmer. Ich teilte das Zimmer mit meiner Schwester. Einen Fernseher besassen wir ebenfalls nicht. Deshalb schaute ich die Skirennen jeweils bei meiner Tante im Nachbarhaus an.

Gibt es den Mythos Sapporo? Und welche Rolle spielte Sapporo für Ihre Karriere?

Maria Walliser: Zu diesem Mythos trugen der Name Dölf Ogi und die beiden Goldmedaillen der damals erst 17-jährigen Marie-Theres Nadig we-

«In meinem Kinderzimmer hingen keine Sportlerposter – ich war lieber selber am Skilift und habe Abfahrt trainiert.»

Maria Walliser

Erika Hess: Bernhard Russi ist in jeder Beziehung ein ganz grosser Name im Skisport. Seine Erfolge fielen in eine Zeit, in der ich mich für den Skisport zu interessieren begann. Fahrer wie Bernhard Russi, Roland Collombin, Heini Hemmi oder die Gebrüder Jean-Daniel und Michel Dätwyler waren mir schon früh ein Begriff. Nach dem Rücktritt blieb Russi als TV-Kommentator, Werbebotschafter und Pistenbauer dem Skisport erhalten. Ich denke, er hat mit seinen Leistungen Skifahrer mehrerer Generationen geprägt und inspiriert.

Hing bei Ihnen im Kinderzimmer ein Poster von Bernhard Russi?

Maria Walliser: Nein, bei mir hingen gar keine Sportlerposter! Damals war ich lieber selber am Skilift und habe Abfahrt trainiert ... (lacht)

Vreni Schneider: Ich war Fan von allen Schweizern – und in meinem Zimmer hing ein grosses Poster

sentlich bei. Rückblickend sieht es schon danach aus, dass die Winterspiele 1972 der Schlüssel zur professionellen Nachwuchsförderung im Schweizer Skisport gewesen sind. Davon durfte sicherlich auch ich profitieren.

Vreni Schneider: Sapporo überstrahlt noch heute alles. Die Skiverbandsführung von Dölf Ogi, Maite Nadig mit zweimal Gold und natürlich Russi haben mit ihren Erfolgen eine wahnsinnige Sache ausgelöst. Ich war damals sieben Jahre alt und für mich gab es nichts anderes als Ski fahren. Wir wuchsen in bescheidenen Verhältnissen auf – aber einen Fernseher hatten wir. So kamen damals einige Nachbarn zu uns, um Skirennen zu schauen, auch während Sapporo. Noch stärker als die Rennen sind mir aber die Empfänge danach in der Schweiz in Erinnerung geblieben. Wie die Wintersportler damals gefeiert wurden, war schlichtweg phänomenal.

Erika Hess: Die Winterspiele in Sapporo waren das erste Grossereignis, das ich bewusst wahrnahm – es waren wohl auch die ersten Winterspiele, die von den elektronischen Medien breit abgedeckt wurden. Sie weckten mein Interesse am Skirennsport. Die Schweizer Erfolge haben diesen Prozess natürlich intensiviert. Für junge Sportler ist es entscheidend, dass sie Vorbilder haben. Weil sie so angespornt werden, sich Ziele zu setzen – und diese auch zu erreichen.

Wie wichtig war die Generation Russi für die goldenen 1980er-Jahre?

Maria Walliser: Ski Alpin als Spitzensport hat sich zwischen Sapporo und Lake Placid enorm schnell entwickelt. Und das Nationalteam konnte nicht mehr mit der Generation Russi verglichen werden. Die Champions der 1980er-Jahre wurden im Juniorenalter bereits von Swiss-Ski gefördert. So wuchsen selbstbewusste, charakterstarke und physisch starke Persönlichkeiten heran. Deshalb würde ich uns als eine Generation Athleten bezeichnen, die aus dem Schatten von Russi & Co. heraustreten wollte – und sich dementsprechend nicht gerne mit den Athleten der 70er-Jahre vergleichen lassen wollte.

Vreni Schneider: Mir gaben diese Sportler die entscheidenden Impulse. Jedes Mal, wenn ich das zuvor erwähnte Poster anschaute, wuchs mein Wunsch, auch einmal so weit zu kommen. Von der Nationalmannschaft wagte ich aber kaum zu träumen – ich dachte eher an die mittlere Leistungsstufe.

Erika Hess: Für mich persönlich war die Generation Russi sehr wichtig. Sie hat entscheidend dazu beigetragen, dass meine Begeisterung und meine Emotionen für den Skisport geweckt wurden. Dass ich aber selber einmal auf höchster Stufe fahren würde, hätte ich damals nicht für möglich gehalten. Das war für mich ganz weit weg.

Wie werten Sie die Entwicklungsschritte im Skisport – angefangen in den 1970er-Jahren über die 1980er-Jahre bis heute?

Maria Walliser: Die Materialentwicklung ging rasant vorwärts. In jüngerer Vergangenheit denke ich da vor allem an die Carving-Skier. Diese neue Technik hat den Skisport auf allen Ebenen revolutio-

Maria Walliser als 17-jährige Nachwuchshoffnung und 33 Jahre später zusammen mit Russi.

niert. Und die mediale Konkurrenz ist grösser geworden. Die FIS war gefordert. Sie musste neue Disziplinen und Formate für attraktivere TV-Übertragungen entwickeln – wie etwa den Super-G, die Super-Kombination oder den Teamwettbewerb.

Vreni Schneider: In Sachen Pistenpräparation und Material wurden grosse Fortschritte gemacht. Ich erinnere mich, dass ich meinen ersten Weltcupsieg (im Dezember 1984) in einer gestrickten Mütze mit aufgenähten Werbelogos errungen habe. Und im Frühling konnte man sich gelegentlich noch ein kleines Fest erlauben – ohne die Öffentlichkeit. Auch der Fahrstil hat sich deutlich verändert. Doch die wichtigsten Dinge sind die gleichen geblieben: die Leidenschaft, die Emotionen, die Glücksgefühle und die Dankbarkeit, diesen Sport ausüben zu dürfen.

Erika Hess: Man hat generell immer das Gefühl, dass in der Gegenwart der Höhepunkt liegt. In Tat und Wahrheit geht die Entwicklung aber immer weiter. Besonders in Sachen Material und Pistenpräparierung hat sich der Skisport enorm verändert. Würde man heute die Pisten nicht mehr bewässern, wären sie mit dem heutigen Material wohl unbefahrbar. Auch der Kunstschnee hat die Ausgangslage beeinflusst. Ein Problem ist, dass die Pisten auf den verschiedenen Leistungsstufen – FIS-Rennen, Europacup, Weltcup – zu unterschiedlich präpariert werden. Das macht es für die jungen Fahrer schwierig. Was sich im Vergleich mit unseren Zeiten ebenfalls verändert hat, ist die körperliche Verfassung der Athleten. Auch wir arbeiteten hart und gezielt an der Kondition, doch heute wird im physischen Bereich viel individueller und spezifischer trainiert. Die Trainingsmethoden haben sich verändert.

«Die wichtigsten Dinge sind gleich geblieben: die Leidenschaft, die Glücksgefühle – und die Dankbarkeit, diesen Sport ausüben zu dürfen.»

Vreni Schneider

Bald finden wohl wieder Weltmeisterschaften in Crans-Montana statt. Sind die Erfolge von 1987 recyclebar?

Maria Walliser: Keine Chance! Ausser im Männer-Slalom gingen damals alle Goldmedaillen an die Schweiz! Heute mischen viele Nationen mit und das ist gut so!

Vreni Schneider: Möglich ist alles, aber zugegebenermassen wird es sehr schwierig – obwohl die vergangenen Winterspiele für unsere Fahrerinnen und Fahrer sensationell verliefen. Unsere damalige Leistungsdichte war aber aussergewöhnlich. Wenn ich mir vorstelle, dass wir einen Teamwettbewerb hätten fahren dürfen, wir hätten wohl zwei Equipen stellen müssen.

Erika Hess: In diesem Ausmass wird es sehr schwer. Das waren damals ja fast wie Schweizer Meisterschaften mit internationaler Beteiligung. Es wäre ungerecht für die heutige Generation, derart viel zu erwarten.

Zu Ihrer (aber auch zu Russis) Zeit herrschte eine riesige Euphorie um die Schweizer Skistars. Wie haben Sie dies persönlich erlebt? Und weshalb ist es heute nicht mehr so ausgeprägt?

Maria Walliser: Die Medienwelt hat sich verändert. Heute beispielsweise sind Autogrammstunden nicht mehr so wichtig – der Kontakt zu den Fans wird via Smartphone und sozialen Netzwerken gepflegt. Das freut mich für die Athleten. Denn zu unserer Zeit war der Trubel nach einem Rennerfolg physisch und mental fast anstrengender als die Vorbereitungen auf den Start.

Vreni Schneider: Ich werde noch heute von Menschen angesprochen, die meine zweiten Läufe während der Arbeit geschaut haben. Man stelle sich vor: Ganze Firmen unterbrechen die Arbeit, um ein Skirennen im Fernsehen zu verfolgen. Welche Firma macht das heute noch? Durch Facebook, Twitter und Instagram haben die Athletinnen und Athleten tolle neue Möglichkeiten, um sich den Fans mitzuteilen. Es braucht nicht mehr Tausende von Autogrammkarten. Ich finde, jede Zeit ist eine gute Zeit.

Erika Hess: Die Medien spielten und spielen eine entscheidende Rolle. Früher war der Skirennsport allgegenwärtig. Es wurden auch Reportagen über das Sommertraining und die Saisonvorbereitung gemacht. Im Winter waren die Skirennen für viele Schweizer Familien Fixpunkte im Tagesablauf. Sie waren jeweils der einzige Grund, weshalb man vor dem Fernseher essen durfte (lacht). Heute habe ich manchmal das Gefühl, dass selbst im Winter mehr über Fussball als über Ski berichtet wird. Um die Resultate der Schweizer Meisterschaften zu erfahren, muss man schon fast die Athleten fragen. Dass Kinder Ski fuhren, war früher selbstverständlich. Heute ist es nicht mehr so. Das bereitet mir gewisse Sorgen. Wir müssen auf den Skisport aufpassen.

Sie waren (und sind) wie Russi die Lieblinge der Medien. Hatte das nur Vorteile? Oder gab es Momente, in denen Sie Grenzen ziehen mussten?

Maria Walliser: Es gehörte zum Profi-Leben, sich mit den Medien zu arrangieren und gute Stories zu liefern. Siege waren da einfacher als Niederlagen. Natürlich gab es Situationen, in denen eine kleine Notlüge herhalten musste, weil die Fragen

Beim Einmarsch der Wintersportler an der Olympiade 1992 in Albertville trägt Vreni Schneider die Schweizer Fahne.

zu persönlich oder intim wurden.

Vreni Schneider: Ich habe fast nur positive Erinnerungen. Mit den Medien ist es ein Geben und Nehmen. Alle machen ihren Job. Da gehört es dazu, dass man sich Zeit für Journalisten nimmt. Ich spürte immer einen gegenseitigen Respekt. Sie goutierten, dass ich in den grössten Erfolgen nicht vergessen habe, woher ich komme. Die wahren Freunde aber lernt man erst in der Niederlage kennen – das trifft auch auf Journalisten zu.

Erika Hess: Zum Glück hatte ich jemanden, der mir ab und zu bei der Beantwortung der öffentlichen Anfragen half. Wäre es nach mir gegangen, hätte ich wohl jeden Interviewwunsch erfüllt und ständig Autogramme geschrieben. Man muss auch einmal Nein sagen und Anfragen abblocken können. Sonst kriegt man keine Ruhe mehr – und wenn die innere Ruhe fehlt, wird es im Spitzensport schwierig. Grundsätzlich begegneten mir die Menschen aber immer mit sehr viel Respekt. Ich erinnere mich an den Abend nach den Weltmeisterschaften in Crans-Montana. Jacques (An-

Stiftung (Anmerkung: Stiftung Folsäure Schweiz). Diese Arbeit ist ebenfalls anspruchsvoll und erfüllend.

Vreni Schneider: Ich war zwei, drei Mal dabei. Es war für mich sehr schwierig, denn ich war zu euphorisch und wollte alle gewinnen sehen. Dazu kam, dass es mein sehnlichster Wunsch war, Mutter zu sein und rund um die Uhr für meine Kinder da zu sein.

Erika Hess: Das habe ich einmal mitgemacht – bei den Olympischen Spielen 1988 in Calgary. Aber ich war in dieser Aufgabe total verloren. Ich reagiere zu emotional. Wenn eine Fahrerin gewinnt, breche ich in Tränen aus – wenn sie nicht gewinnt, wühlt es mich ebenfalls auf. Mich muss man in Ruhe lassen, wenn ich Skirennen schaue.

Was macht das Phänomen Russi aus? Sein Karriereende liegt 40 Jahre zurück, aber noch immer kennt ihn jedes Kind…

Maria Walliser: Die Basis legte er zweifellos mit seinen grossen Erfolgen. Und dank seines Ausse-

«Er ist intelligent, eloquent – und er sieht gut aus. Das eröffnete ihm immer wieder neue Perspektiven.»

Erika Hess

merkung: Reymond, ihr heutiger Ehemann) und ich blieben noch im Dorf und gingen auswärts essen. Und obwohl uns wohl die meisten Leute im Restaurant erkannten, liessen sie uns in Ruhe.

Hat Sie der Job als TV-Expertin nie interessiert?

Maria Walliser: Ich habe mich für die Familie entschieden, denn nach zehn Jahren Rampenlicht war das Soll erfüllt. Ich wähle meine Engagements ganz bewusst aus. Beispielsweise trete ich als Botschafterin für soziale Stiftungen und Hilfsorganisationen auf. Und ich habe meine eigene

hens und seiner Ausstrahlung übte er danach auf Generationen von Fans – vor allem auch auf weibliche – eine grosse Faszination aus. Entscheidend für seine anhaltende Popularität sind aber sicherlich die Präsenz am TV und die Treue zu seinen Werbepartnern.

Vreni Schneider: Bernhard hat sich seinen Status hart erarbeitet, war immer unterwegs und musste Prioritäten setzen. Seine Professionalität und seinen Perfektionismus in all seinen Tätigkeiten verdienen den grössten Respekt.

Erika Hess: Er besitzt das gewisse Etwas, das in der

Erika Hess siegt bei den Skiweltmeisterschaften in Schladming 1982 im Riesentorlauf.

Öffentlichkeit sehr gut ankommt. Er ist intelligent, eloquent – und er sieht gut aus. Dies eröffnete ihm immer wieder neue Perspektiven. Er besitzt interessante Verträge und ist seinen Werbepartnern treu. Ich hätte möglicherweise nach dem Rücktritt auch mehr aus meinen Erfolgen machen können. Aber ich entschied mich bewusst für einen anderen Weg. Die Familie und die Kinder standen bei mir im Zentrum. Seit bald 30 Jahren organisiere ich zusammen mit Jacques Ski-Camps für Kinder und Jugendliche. Letztlich muss aber jeder seinen Weg gehen. Roland Collombin beispielsweise ist in den Medien nicht derart präsent wie Bernhard. Aber er hat im Wallis seine Leute um sich herum und ist ebenfalls noch immer sehr populär.

Last but not least. Was wünschen Sie Bernhard Russi zum 70. Geburtstag?

Maria Walliser: Ich bin überzeugt, dass er wunschlos glücklich ist – auch mit 70.

Vreni Schneider: Was, Bernhard ist schon 70? Ich wünsche ihm das Wichtigste: die allerbeste Gesundheit für ihn und seine Lieben.

Erika Hess: Ich schliesse mich Vreni an. Gesundheit – und viel Gfreuts im Leben.

GEBURTSDATUM:	20. August 1948
GRÖSSE:	183 cm
HEIMATORT:	Andermatt
HAARFARBE:	dunkelbraun (grau)
AUGEN:	grün-blau
ZIVILSTAND:	verheiratet in zweiter Ehe mit Mari Bergström
KINDER:	Ian (geb. 1980) aus erster Ehe mit Michèle Rubli Jenny (geb. 1992) aus zweiter Ehe
GELERNTER BERUF:	Hochbauzeichner
KLUB:	SC Gotthard-Andermatt
RÜCKTRITT:	29. Januar 1978

SONSTIGES

Bernhard Russi ist Präsident des Golfclubs *Andermatt-Realp*. Den Golfplatz in Realp hat er selbst entworfen. Ausserdem unterstützt er als Athletenbotschafter die Entwicklungshilfeorganisation *Right To Play* und ist Präsident der *Sapporo Stiftung*.

Er gehört dem Verwaltungsrat der *Bogner Sport AG* an – sowie demjenigen der *Andermatt Swiss Alps AG*. Dieses Unternehmen der *Orascom Development Holding* des ägyptischen Investors Samih Sawiris plant, baut und vermarktet das Tourismusprojekt in Andermatt.

ZAHLEN UND FAKTEN

DIE SPORTLICHEN ERFOLGE

1966 Urner Kantonalmeister

1967 Zentralschweizerischer Verbandsmeister in allen Disziplinen

1968 Zentralschweizerischer Verbandsmeister in Abfahrt, Riesenslalom und Kombination

Schweizer Juniorenmeister in der Abfahrt

1969 Sieg im Slalom des B-Rennens von Caspoggio (It)

Sieg in Slalom und Kombination des B-Rennens im Libanon

1970 Sieg im Riesenslalom von Hindelang

Abfahrtsweltmeister in Val Gardena (zählte auch zum Weltcup)

Schweizer Meister in der Abfahrt

Sieg in der Abfahrt des Sechsländerkampfes von Pra-Loup

1971 Sieg in der Hahnenkamm-Abfahrt (Weltcup) – ausgetragen in Megève

Sieg im Weltcup-Riesenslalom von Mont Sainte-Anne (Ka)

Sieg in der Weltcup-Abfahrt von Sugarloaf (USA)

Schweizer Meister in Abfahrt und Kombination

Gewinn der Weltcup-Wertung in der Abfahrt

Sieg in der Weltcup-Abfahrt von St. Moritz

1972 Olympiasieger in der Abfahrt in Sapporo

Weltmeister in der Abfahrt in Sapporo

Sieg in der Weltcup-Abfahrt in Crystal Mountain

Sieg in der Weltcup-Abfahrt in Val Gardena

1973 Sieg in der Weltcup-Abfahrt in Grindelwald

Sieg in der Weltcup-Abfahrt in St. Anton

1976 2. Platz in der Olympia-Abfahrt in Innsbruck

2. Platz in der WM-Abfahrt in Innsbruck

1977 Sieg in der Weltcup-Abfahrt in Morzine

Ehrungen

Schweizer Sportler des Jahres **1970** und **1972**

Skieur d'Or **1972**

Étoile d'Or **1972**

Skiing Legend Award **1999**

Hall of Fame of Ski **2005**

Ehrenbürger der Korporation Ursern (**seit 1970**)

Bernhard Russi 1984 mit seinem Sohn Jan.

DANK

Für die Unterstützung und Realisierung dieses Werkes
danken wir folgenden Personen, Firmen und Institutionen:

Bernhard Russi und seiner Familie, Yvonne Baumann, Paul Berlinger, Robert Bösch,
Roland Collombin, Walter Frey, Karl Erb, Gregor und Reto Furrer, Dumeng Giovanoli, Erika Hess,
Peter Hürzeler, Matthias Hüppi, Franz Julen, Franz Klammer, Hansjost Müller, Adolf Ogi,
Annemarie Renggli, Beat Schmid, Vreni Schneider, Karl Schranz,
Walter Tresch und Maria Walliser

sowie

den Bildagenturen Dukas und Keystone, der Ringier Axel Springer Schweiz AG,
Urs Heller und Stefan Regez, dem Archiv Subaru Schweiz AG,
Tatjana Widmer sowie der Visilab SA, Meyrin.

BILDNACHWEIS